U0920054

本书得以出版得到了南京大学“国家双创示范基地”、南京大学政务数据资源研究所、国家自然科学基金面上项目“电子政务服务价值共创机制及实现模式实证研究”（编号：71573117），以及江苏省“六大人才高峰”项目“政务大数据资源开发技术与实证方法研究”（编号：2015－XXRJ－001）的资助。

对报告传播过程中给予大力支持的瞭望智库、新华网等媒体表示诚挚谢意！对报告修改过程中给予中肯建议的专家、学者及参与数据测评工作的来自南京大学的各位志愿者表示衷心感谢！

智库 中社
国家智库报告 2017（34）
National Think Tank
社会·政法

政府电子服务能力指数报告（2016）

胡广伟　司文峰　杨金龙　等著

EVALUATION REPORT OF GOVERNMENT E-SERVICE CAPABILITY INDEX（2016）

中国社会科学出版社

图书在版编目（CIP）数据

政府电子服务能力指数报告．2016/胡广伟等著．—北京：中国社会科学出版社，2017.10

（国家智库报告）

ISBN 978－7－5203－1241－7

Ⅰ.①政…　Ⅱ.①胡…　Ⅲ.①电子政务—研究报告—中国—2016
Ⅳ.①D63－39

中国版本图书馆 CIP 数据核字（2017）第 261044 号

出 版 人　赵剑英
责任编辑　王　茵
特约编辑　范晨星
责任校对　朱妍洁
责任印制　李寡寡

出　　版　中国社会科学出版社
社　　址　北京鼓楼西大街甲 158 号
邮　　编　100720
网　　址　http://www.csspw.cn
发 行 部　010－84083685
门 市 部　010－84029450
经　　销　新华书店及其他书店

印刷装订　北京君升印刷有限公司
版　　次　2017 年 10 月第 1 版
印　　次　2017 年 10 月第 1 次印刷

开　　本　787×1092　1/16
印　　张　10.75
插　　页　2
字　　数　141 千字
定　　价　49.00 元

前　言

随着“互联网+”国家战略的实施，“互联网+政务服务”应用持续深化，社会和公众对政务服务的网络化需求快速增多，期待政府能够提供更好的用户服务体验。2015 年 7 月，国务院发布《关于积极推进“互联网+”行动的指导意见》，将这一趋势推向新高潮。在新环境下，提升中国各级政府的电子政务服务能力显得尤为重要。2016 年 3 月发布的《中华人民共和国国民经济和社会发展第十三个五年规划纲要》把“深化行政管理体制改革”“优化政府服务”“推广‘互联网+政务服务’，全面推进政务公开”作为“十三五”的重要工作任务。

2016 年下半年，南京大学政务数据资源研究所在国家双创示范基地的支持下，协同新华网政务大数据事业部等机构对中国省（自治区）、市、部委的政务网站（包括政务服务平台）、政务微博、政务微信和政务 APP 四个电子渠道的服务能力进行了测评，完成了《政府电子服务能力指数报告（2016）》（下称报告）。

本报告以中国（港澳台地区除外）省（自治区）、市、部委政务网站、政务微博、政务微信、政务 APP 四个服务渠道为切入点，构建政府电子服务能力测评体系，并通过全样本测评获得分析数据，应用定量和定性分析技术与方法展示中国省（自治区）、市、部委电子政务服务能力的水平，总结得到电子政务服务能力建设的最佳实践。

报告从四个层面［省（自治区）、直辖市、地级市、部委］，结合四种渠道（网站、微博、微信、APP）对政务服务能力、政务服务途径、省级政务服务区间属性和政务服务地域属性等进行深入分析，系统报告了中国电子政务服务的发展水平。计算省（自治区）、市电子政务服务能力各项复合指数，其中综合指数最高，"双微"指数、新媒体指数依次递减，凸显出中国电子政务服务基础渠道带动新渠道的发展特点。进一步分析了区域电子政务服务能力综合指数。数据表明，中国东部沿海地区的电子政务服务能力综合指数最高，东北地区最低，高低分化明显。最后，总结了电子政务服务的最佳实践，并分别进行深入剖析。部委发展规律和省（自治区）市也表现出一致性。

希望通过理论与实践的结合，建立一套科学、客观、量化及导向清晰的政府电子服务能力测评体系，展现各级政府的电子服务能力发展水平，以评促建，以评促用，树立标杆，引导电子政务的可持续化发展，助力中国政务治理能力现代化水平的提升。此工作仅从能力管理的视角测评政府电子服务水平，数据和结论难免偏颇，仅供各界参考。

测评工作及报告的完成得到各级政府及领域专家的大力支持，在此一并致谢！

南京大学政务数据资源研究所

新华网政务大数据事业部

南京大学国家双创示范基地

二〇一七年七月

摘要：随着“互联网+”国家战略的实施，“互联网+政务服务”的应用持续深化，社会和公众对政务服务的网络化需求也快速增长，期待政府能够提供更好的用户服务体验。为了检验和提升各级政府的电子服务能力发展水平，进而建立一套科学、客观、量化及导向清晰的政府电子服务能力测评体系，达到“以评促建、以评促用、树立标杆，引导电子政务可持续化发展”的目的，项目组从部委、省（直辖市）、地级市等不同层级，以政务网站、政务微信、政务微博、政务APP四个服务渠道为切入点，构建了政府电子服务能力测评体系，并通过全样本测评，分析了政务服务能力、政务服务途径、政务服务区间属性、政务服务地域，应用定量和定性相结合的方法展示了中国省、市、部委电子政务服务能力的水平，计算出综合指数、双微指数、新媒体指数，进而总结得到了电子政务服务能力建设的最佳实践案例。各项指数数据表明，中国各级政府电子服务呈现“三多三少”“三强三弱”的特点：“入口多、渠道多、栏目多，协办少、联办少、通办少”；“信息服务强，办事服务弱；网站服务强，移动服务弱；传播推广强，亲民易用弱”。同时也发现中国电子政务服务呈现新、老渠道协同发展的态势；中国东部沿海地区的电子政务服务能力综合指数最高，东北地区最低，高低分化明显等。本项目仅从能力管理的视角测评政府电子服务水平，数据和结论难免偏颇，仅供各界参考。

关键词：政府电子服务，电子政务服务，能力指数，能力测评，政府治理

Abstract: With the implementation of the "Internet plus" national strategy, applications of "Internet plus government service" continues to deepen. And the network needs of government service from society and public is quickly increasing, expecting that the government can provide better customer service experience. In order to test and enhance the level of development of the electronic service capability of governments at all levels, and establish a scientific, objective, quantitative and direction – clear government electronic service capability evaluation system, and achieve the goal of "promote construction by evaluation, promote use by evaluation, set a benchmark to guide the E – government developing sustainably", the project team have constructed the evaluation system of the government electronic service capability from four levels of province, municipality directly under the Central Government, prefecture – level city, ministry and commission from the perspective of four service Channels of government website, WeChat, micro – blog, APP. And through the full sample evaluation, the project team have analyzed government service capability, government service approach, provincial government service interval attribute, government service area, showed the level of E – government service capability of province, city, ministry and commission of our country by way of a range of quantitative and qualitative, calculated the comprehensive index, double Micro index, new media index, and then summed up the best practice cases of E – government service capacity building. The composite index data show that the development of China's E – government service of basic channels leads to new channels, the highest is the comprehensive index of E – government service capability of the eastern coastal areas of China, and the lowest Northeast China obviously for the high and low differentiation, the law of development is consistent for province, city, ministry and commission. This project tests the level of government electronic service only from the perspective of capacity management, with the data and conclusions biased inevitably but for reference only.

Keyword: Government electronic service, E – government service, Capability index, Capability evaluation, Government governance

目　录

第一章　测评体系与测评方法 ………………………………（1）

一　测评背景……………………………………………（1）

二　测评思路……………………………………………（2）

三　测评工作……………………………………………（2）

第二章　政府电子服务能力指数 ……………………………（4）

一　政府电子服务能力指数说明 …………………………（4）

二　政务网站服务能力指数 ……………………………（4）

（一）直辖市政府政务网站服务能力指数 ………………（4）

（二）省级政府政务网站服务能力指数 ………………（6）

（三）地级市政府政务网站服务能力指数 ………………（9）

三　政务微博服务能力指数 ……………………………（16）

（一）直辖市政府政务微博服务能力指数………………（16）

（二）省级政府政务微博服务能力指数…………………（18）

（三）地级市政府政务微博服务能力指数………………（21）

四　政务微信服务能力指数 ……………………………（26）

（一）直辖市政府政务微信服务能力指数………………（26）

（二）省级政府政务微信服务能力指数…………………（28）

（三）地级市政府政务微信服务能力指数………………（31）

五　政务 APP 服务能力指数……………………………（35）

（一）直辖市政府政务 APP 服务能力指数 ……………（35）

（二） 省级政府政务 APP 服务能力指数 ……………（37）
（三） 地级市政府政务 APP 服务能力指数 …………（40）

第三章 政府电子服务能力综合指数 ……………………（45）
一 政府电子服务能力综合指数 ……………………（45）
（一） 政府电子服务能力综合指数说明…………………（45）
（二） 直辖市政府电子服务能力综合指数………………（45）
（三） 省级政府电子服务能力综合指数…………………（47）
（四） 地级市政府电子服务能力综合指数………………（51）
（五） 省级政府电子服务能力指数………………………（56）
二 政府电子服务能力“双微”指数……………………（58）
（一） 政府电子服务能力“双微”指数说明 …………（58）
（二） 直辖市政府电子服务能力“双微”指数 ………（58）
（三） 省级政府电子服务能力“双微”指数 …………（60）
（四） 地级市政府电子服务“双微”指数 ……………（63）
三 政府电子服务能力新媒体指数 ……………………（67）
（一） 政府电子服务能力新媒体指数说明………………（67）
（二） 直辖市政府电子服务能力新媒体指数……………（68）
（三） 省级政府电子服务能力新媒体指数………………（69）
（四） 地级市政府电子服务能力新媒体指数……………（71）

第四章 政府电子服务能力指数区域分布 ………………（76）
一 政府电子服务能力指数区域分布 …………………（76）
二 政府电子服务能力综合指数区域分布 ……………（76）
三 政府电子服务能力综合指数区域差异 ……………（78）
四 华东与东北地区电子服务能力指数比较 …………（78）

第五章 政府电子服务最佳实践 …………………………（79）
一 政府电子服务最佳实践说明 ………………………（79）

二　政务网站最佳实践 …………………………………… (79)
三　政务微博最佳实践 …………………………………… (82)
四　政务微信最佳实践 …………………………………… (83)
五　政务APP最佳实践 …………………………………… (85)

第六章　省市级政府电子服务能力现状、问题与对策 …… (89)
一　中国政府电子服务能力现状 ……………………… (89)
二　中国政府电子服务能力的主要问题与建议 ………… (91)
(一)四渠道综合服务能力均值在60分以下 ………… (91)
(二)服务内容、方式不能随需应变,创新力不够 …… (92)
(三)政府电子服务能力发展不均衡 ………………… (92)

第七章　问题与反馈 ……………………………………… (95)
一　测评过程说明 ………………………………………… (95)
二　特殊情况处理 ………………………………………… (96)
三　局限与不足 …………………………………………… (96)

附录1　工作思路问答 …………………………………… (98)
附录2　测评指标体系 ………………………………… (103)
附录3　省市样本来源 ………………………………… (106)
附录4　部委电子政务服务能力指数 ………………… (138)
附录5　部委样本来源 ………………………………… (155)

第一章　测评体系与测评方法

一　测评背景

随着信息技术的高速发展和政务理念的不断演进，政务服务呈现电子化的发展趋势，办事效率和服务质量大幅提升，政府决策日益科学化、民主化。同时，社会和公众对基于互联网的政务服务的需求不断增加。如何更好地服务社会和公众，满足其对电子政务服务的需求，提升中国电子政务服务水平，已成为当前政府亟待解决的管理问题。

2015 年 7 月，国务院发布《关于积极推进“互联网 +”行动的指导意见》，强调“互联网 + 政务服务”，加快转变政府职能，提出要加快互联网与政府公共服务体系的深度融合，促进公共服务创新供给和服务资源整合，构建面向公众的一体化在线公共服务体系。2016 年 4 月 12 日，国务院发布《2016 年政务公开工作要点》，提出要加大公开力度，加强政策解读，不断增强公开实效，保障人民群众知情权、参与权、表达权和监督权，助力改革深化、经济发展、民生改善和政府建设。为深化政府自身改革和更大程度地利企便民，2016 年 9 月 14 日，国务院总理李克强主持召开国务院常务会议，部署加快推进“互联网 + 政务服务”。为响应国家号召，客观反映中国电子政务服务发展现状，寻找推进“互联网 + 政务服务”建设的优化路径，提升中国电子政务服务发展水平，南京大学政务数据资源研究所在国家双创示范基地的支持下开展了2016年中国电子政务服务能力测评工作。

本次调查评估从“用户体验”出发，构建电子政务服务测评体系，以客观公正、可量化、可重复为原则，分成多个小组对中国（港澳台地区除外）27个省（自治区）、4个直辖市、334个地级市、64个部委的政府官方网站、政务微博（以新浪微博为主）、政务微信、政务APP（Android和iOS系统）四种渠道进行了全方位的交叉测评和复查，主次分明、凸显特色，旨在推动中国电子政务服务向“一站式服务”发展，提升公民满意度和政府服务能力，促进中国电子政务服务健康有序发展。

二　测评思路

测评工作自2016年5月开始筹备，6月进行团队组建与工具方法的准备，7、8月完成预测评、正式测评、补测评等工作，9—12月进行数据的整理与分析工作，2017年1—4月完成研究报告。

主要工作思路如图1—1所示。

三　测评工作

测评时间：2016年7—12月。

测评对象：中国大陆的27个省（自治区）、4个直辖市、334个地级市（包括副省级和计划单列市）、64个部委的政府官方网站、政务微博、政务微信、政务APP，实现省（自治区）、直辖市、地级市的全样本测试。①

① 本次项目测评的对象分为省市和部委两个部分。省市部分测评对象共有365个行政区划单位（未包括港澳台地区），其中省级行政区31个，包括22个省、5个自治区、4个直辖市；地级行政区划单位334个，包括293个地级市、8个地区、30个自治州、3个盟。

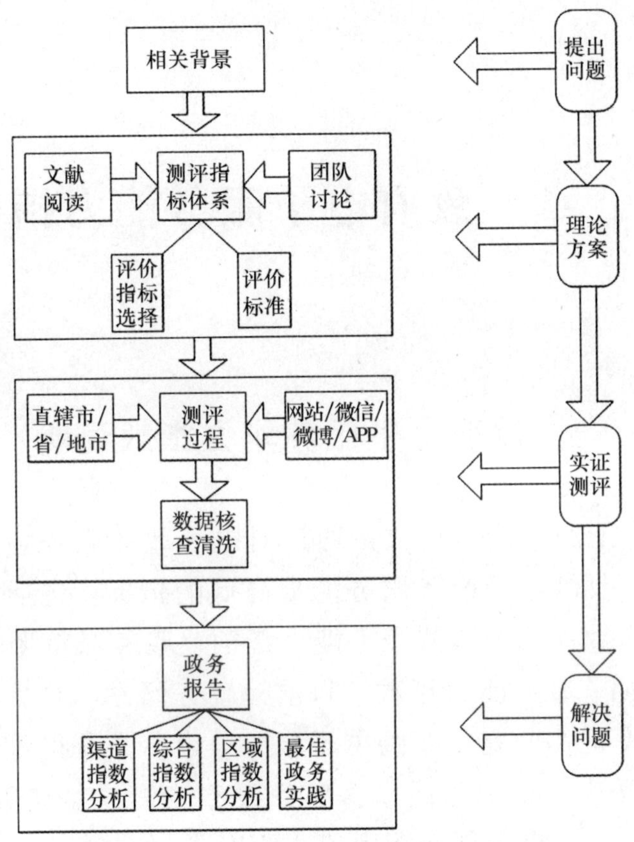

图1—1　工作思路

测评中，“两微一端”的认定如下：对于有主体标识的认证，如经过认证的微博、微信订阅号或服务号，予以测评。其中，凡是认证主体不是人民政府的，不予测评，可能包括仅以党委、党宣传部、人民政府新闻办公室、信息中心等为主体标识的。没有主体标识的，比如由相关部门或者第三方单位开发、运营的微信订阅号与服务号、政务服务客户端，若其能提供与政府紧密相关的政务服务，能够清楚体现出其政府职能的，予以测评。

有关测评的问答见附录1，测评指标见附录2，测评样本见附录3。

第二章　政府电子服务能力指数

一　政府电子服务能力指数说明

政府电子服务能力指数指通过对电子政务服务各渠道测评得到的用以反映电子政务服务能力高低的指标，包括政务网站服务能力指数、政务微博服务能力指数、政务微信服务能力指数和政务 APP 服务能力指数。目前，政务网站、政务微博、政务微信及政务 APP 是主要的电子服务渠道。为获得该指数，工作团队主要从信息服务能力、事务服务能力、参与服务能力、服务提供能力、服务创新能力等方面对省（自治区）、直辖市、地级市政府政务网站、政务微博、政务微信及政务 APP 进行了测评。

二　政务网站服务能力指数

（一）直辖市政府政务网站服务能力指数

（1）网站服务能力指数

表 2—1　　直辖市政府政务网站服务能力指数

排名	直辖市	指数	排名	直辖市	指数
1	北京市	76.01	3	上海市	63.28
2	重庆市	63.78	4	天津市	49.73

(2) 整体概况

4个直辖市中，北京市政务网站的服务能力位列第一，在信息发布和网上办事能力上表现突出，网站服务便捷易用，且稳定可靠。重庆市和上海市分列第二位、第三位，其针对用户反馈的回应速度和处理效率值得肯定。

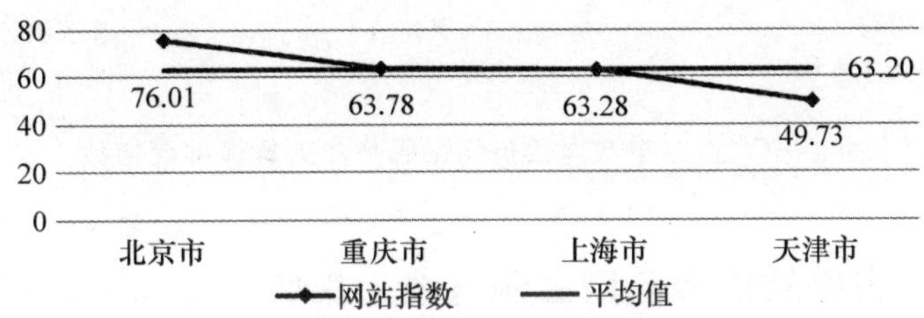

图 2—1 直辖市政府政务网站服务能力指数

从网站服务能力的组成维度来看，服务提供能力、信息服务能力均处于高水平，指数均值分别为90.87、82.85；事务服务能力较低，指数均值仅为56.50；服务创新能力、参与服务能力低，指数均值分别为38.30、31.07。具体而言，北京市除了参与服务能力相对落后外，在其他各维度上均有良好表现，其网站的各项功能均趋于完善；重庆市各项服务能力表现相对均衡；上海市的信息服务能力稍显逊色，但参与服务能力首屈一指；天津市服务提供能力和信息服务能力表现出色，其他方面则相对一般。

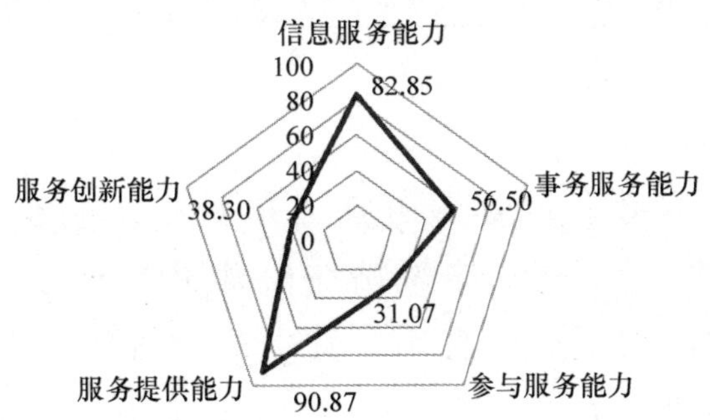

图 2—2 直辖市政府政务网站服务能力总体维度指数

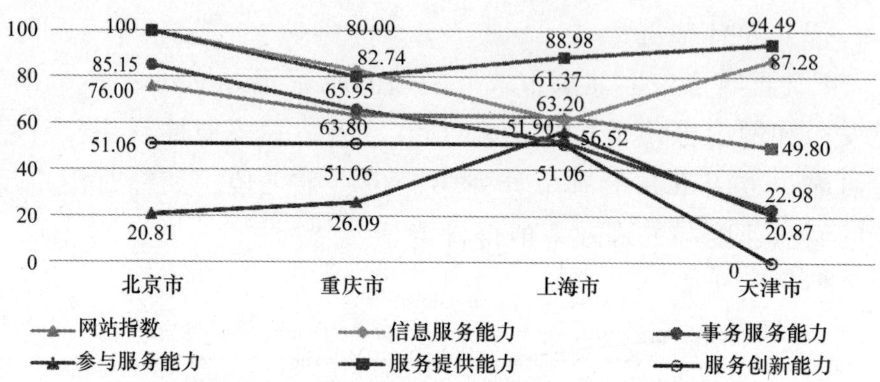

图 2—3 直辖市政府政务网站服务能力具体维度指数

（二）省级政府政务网站服务能力指数

（1）网站服务能力指数

表 2—2 省级政府政务网站服务能力指数

排名	省份	指数	排名	省份	指数	排名	省份	指数
1	福建	78.40	10	湖北	62.00	19	吉林	49.20
2	广东	68.60	11	青海	60.00	20	云南	48.20
3	贵州	68.00	12	内蒙古	58.40	21	新疆	46.80
4	甘肃	67.80	13	海南	57.20	22	广西	45.60
5	四川	65.60	14	湖南	56.60	23	陕西	44.40
6	山东	65.20	15	江苏	55.40	24	辽宁	43.20
7	江西	63.40	16	安徽	53.40	25	河南	41.80
8	山西	62.80	17	河北	49.80	26	西藏	40.20
9	浙江	62.40	18	黑龙江	49.60	27	宁夏	35.60

（2）整体概况

在省级政府政务网站服务能力指数中，福建省、广东省、贵州省分列前三位。这 3 个网站在信息服务能力、事务服务能力、服务提供能力上表现突出，其中福建省凭借高效、健全的用户反馈机制为公众参政议政、建言献策提供了畅通的渠道，广东省政务服务平台可实现办事流程的透明化和部分业务的全程办理，贵州省政务网站在各个测评项目中均有良好表现，因此三者跻身前列。排名靠后的省份在事务服务能力上明显不足，难以实现老百姓日常关心事项的网上办理，同时普遍缺乏对社会用户咨询的及时有效反馈。

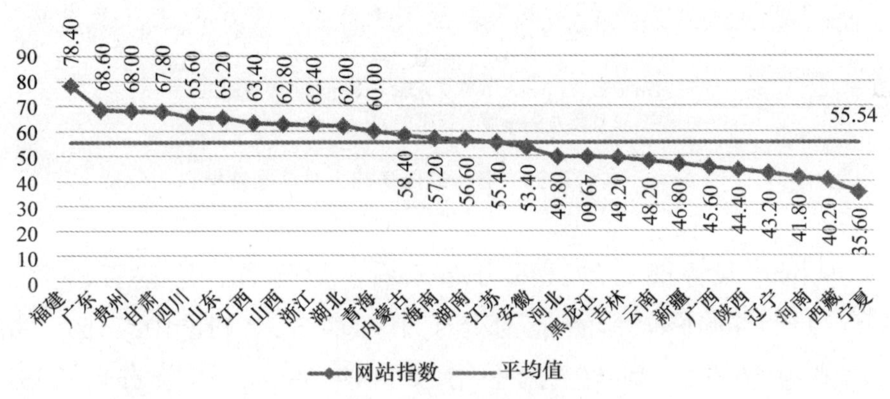

图 2—4　省级政府政务网站服务能力指数

从服务能力的组成维度来看，各省政务网站服务提供能力突出，指数均值高达 84. 85；信息服务能力次之，指数均值为 65. 67；服务创新能力、参与服务能力、事务服务能力明显落后，指数均值分别为 28. 26、23. 48、15. 04。由此可见。就各项服务能力的差异程度而言，各省网站的服务提供能力及信息服务能力相对均衡，而事务服务能力、参与服务能力、服务创新能力水平则参差不齐。

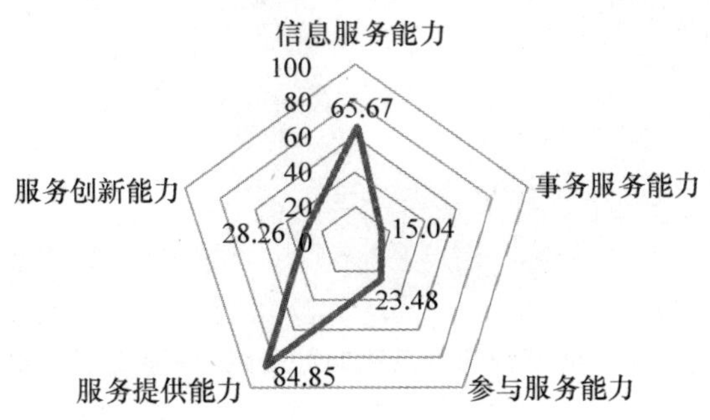

图 2—5　省级政府政务网站服务能力总体维度指数

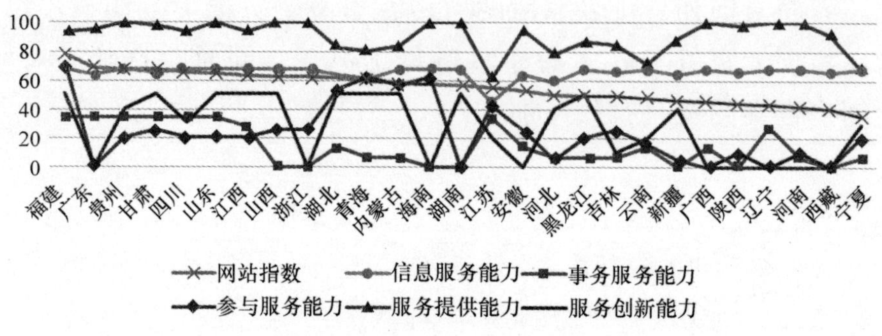

图 2—6　省级政府政务网站服务能力具体维度指数

从网站服务能力的区间分布来看，福建省、广东省、贵州省等 11 个省的网站服务能力处于中等水平，占比 40.74%，指数均值为 66.42，高于全国平均水平 19.59%；内蒙古自治区、海南省、湖南省、江苏省等 15 个省（区）的网站服务能力处于较低水平，占比 55.56%，指数均值为 49.14，低于全国平均水平 11.52%；仅有宁夏回族自治区的网站服务能力水平低下，指数为 35.60，低于全国平均水平 35.90%。

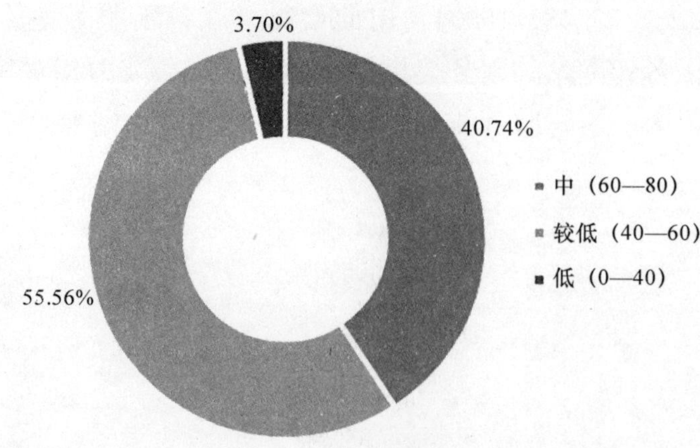

图 2—7　省级政府政务网站服务能力指数区间分布

表 2—3　　省级政府政务网站服务能力指数区间分布

高（>80）	中（60—80）	较低（40—60）	低（0—40）	无
	福建	内蒙古	宁夏	
	广东	海南		
	贵州	湖南		
	甘肃	江苏		
	四川	安徽		
	山东	河北		
	江西	黑龙江		
	山西	吉林		
	浙江	云南		
	湖北	新疆		
	青海	广西		
		陕西		
		辽宁		
		河南		
		西藏		

（三）地级市政府政务网站服务能力指数

（1）网站服务能力指数

表 2—4　　地级市政府政务网站服务能力指数

排名	地市	指数	排名	地市	指数	排名	地市	指数
1	扬州	84.60	112	甘孜	58.20	223	荆门	46.80
2	泉州	84.60	113	齐齐哈尔	58.00	224	庆阳	46.80
3	江门	83.40	114	襄阳	58.00	225	聊城	46.40
4	岳阳	83.20	115	常德	58.00	226	呼伦贝尔	46.20
5	南昌	80.20	116	佛山	58.00	227	湘西	46.20
6	儋州	79.40	117	朔州	57.80	228	滁州	46.00

续表

排名	地市	指数	排名	地市	指数	排名	地市	指数
7	黔西南	78.40	118	南京	57.80	229	日照	45.80
8	合肥	78.20	119	崇左	57.80	230	白银	45.80
9	延安	78.20	120	遂宁	57.80	231	唐山	45.60
10	咸宁	77.80	121	娄底	57.60	232	海东	45.60
11	德阳	77.60	122	黔东南	57.60	233	大连	45.40
12	清远	77.40	123	成都	57.40	234	银川	45.40
13	湘潭	77.20	124	乌兰察布	57.00	235	巴彦淖尔	45.20
14	衡阳	77.00	125	苏州	56.80	236	厦门	45.20
15	包头	75.80	126	临沂	56.60	237	南充	45.00
16	滨州	75.40	127	贵港	56.60	238	中卫	45.00
17	毕节	75.40	128	兰州	56.60	239	吕梁	44.80
18	三明	74.60	129	赤峰	56.40	240	保定	44.60
19	东莞	74.40	130	阿拉善	56.40	241	抚顺	44.60
20	广州	74.00	131	双鸭山	56.20	242	百色	44.60
21	珠海	74.00	132	怀化	56.20	243	海南	44.60
22	石家庄	73.20	133	巴中	56.00	244	白城	44.40
23	萍乡	72.80	134	咸阳	56.00	245	盐城	44.40
24	中山	71.20	135	六安	55.80	246	马鞍山	44.40
25	贵阳	71.20	136	酒泉	55.80	247	张家口	44.20
26	深圳	70.80	137	广元	55.60	248	潍坊	44.20
27	淮南	70.20	138	洛阳	55.40	249	海西	44.20
28	龙岩	69.80	139	南阳	55.40	250	吐鲁番	44.20
29	潮州	69.80	140	宁德	55.20	251	伊犁	44.20
30	蚌埠	69.60	141	嘉峪关	55.20	252	秦皇岛	43.80
31	镇江	69.40	142	攀枝花	55.00	253	宝鸡	43.80
32	亳州	69.20	143	张掖	55.00	254	抚州	43.60
33	威海	69.00	144	衡水	54.80	255	莱芜	43.60
34	湖州	68.80	145	晋城	54.80	256	本溪	43.40

续表

排名	地市	指数	排名	地市	指数	排名	地市	指数
35	铜仁	68.80	146	赣州	54.80	257	九江	43.40
36	惠州	68.60	147	丽水	54.60	258	泰安	43.40
37	河源	68.40	148	鄂州	54.60	259	丽江	43.40
38	十堰	68.20	149	南宁	54.40	260	辽源	43.20
39	六盘水	67.60	150	北海	54.40	261	开封	43.20
40	铜川	67.60	151	西安	54.40	262	防城港	43.00
41	长治	67.20	152	定西	54.20	263	黑河	42.80
42	南平	67.20	153	济南	54.00	264	烟台	42.80
43	莆田	67.20	154	菏泽	54.00	265	阿坝	42.80
44	阳江	67.20	155	哈密	54.00	266	连云港	42.60
45	徐州	67.00	156	克孜勒苏	54.00	267	桂林	42.60
46	绍兴	67.00	157	濮阳	53.80	268	阿勒泰	42.60
47	台州	67.00	158	漯河	53.80	269	七台河	42.20
48	湛江	67.00	159	三亚	53.80	270	鞍山	42.20
49	衢州	66.80	160	济宁	53.60	271	白山	42.20
50	芜湖	66.60	161	平凉	53.40	272	乌海	42.00
51	肇庆	66.60	162	福州	53.20	273	兴安	42.00
52	安顺	66.60	163	上饶	53.20	274	淮安	41.80
53	郑州	66.20	164	永州	53.20	275	西宁	41.80
54	揭阳	66.20	165	宜宾	53.20	276	黄山	41.60
55	阳泉	66.00	166	玉溪	53.20	277	拉萨	41.60
56	阜阳	66.00	167	汉中	53.20	278	榆林	41.40
57	鄂尔多斯	65.80	168	宣城	53.00	279	天水	41.40
58	宿迁	65.80	169	德州	53.00	280	巴音郭楞	41.40
59	南通	65.80	170	黄冈	53.00	281	朝阳	41.20
60	景德镇	65.60	171	宜春	52.80	282	果洛	41.20
61	韶关	65.60	172	玉林	52.60	283	葫芦岛	41.00
62	长沙	65.40	173	红河	52.60	284	大同	40.80

续表

排名	地市	指数	排名	地市	指数	排名	地市	指数
63	资阳	65.40	174	太原	52.40	285	牡丹江	40.80
64	云浮	65.20	175	东营	52.20	286	新乡	40.80
65	张家界	65.00	176	安康	52.20	287	四平	40.60
66	汕尾	65.00	177	昌吉	52.20	288	大理	40.60
67	眉山	64.80	178	渭南	52.00	289	临沧	40.40
68	凉山	64.80	179	邵阳	51.80	290	楚雄	40.40
69	舟山	64.40	180	随州	51.60	291	淄博	40.20
70	焦作	64.40	181	铜陵	51.40	292	锦州	40.00
71	梧州	64.40	182	文山	51.40	293	沈阳	39.80
72	广安	64.40	183	固原	51.40	294	阜新	39.60
73	阿克苏	64.40	184	邯郸	51.20	295	海北	39.40
74	武汉	64.20	185	陇南	51.00	296	玉树	39.40
75	嘉兴	64.00	186	鹤壁	50.80	297	盘锦	39.20
76	益阳	64.00	187	铁岭	50.60	298	来宾	39.00
77	淮北	63.80	188	沧州	50.40	299	临夏	38.80
78	孝感	63.60	189	哈尔滨	50.40	300	营口	38.60
79	黔南	63.60	190	大庆	50.40	301	塔城	38.40
80	池州	63.20	191	许昌	50.40	302	鹤岗	38.20
81	绵阳	62.80	192	黄南	50.40	303	伊春	38.00
82	安阳	61.80	193	辽阳	50.20	304	昭通	38.00
83	荆州	61.80	194	周口	50.20	305	克拉玛依	38.00
84	达州	61.80	195	西双版纳	50.00	306	大兴安岭	37.60
85	遵义	61.60	196	长春	49.80	307	贺州	37.60
86	郴州	61.20	197	忻州	49.60	308	雅安	37.40
87	海口	61.20	198	鸡西	49.40	309	昌都	37.20
88	金昌	61.20	199	松原	49.40	310	枣庄	36.40
89	新余	61.00	200	通化	49.40	311	丹东	35.60
90	宜昌	61.00	201	内江	49.20	312	河池	35.60

续表

排名	地市	指数	排名	地市	指数	排名	地市	指数
91	宁波	60.80	202	甘南	49.20	313	石嘴山	35.40
92	漳州	60.40	203	普洱	49.00	314	晋中	35.20
93	无锡	60.20	204	商洛	49.00	315	平顶山	35.20
94	信阳	60.20	205	怒江	48.80	316	吉林	34.80
95	梅州	60.00	206	廊坊	48.60	317	博尔塔拉	34.00
96	茂名	60.00	207	延边	48.60	318	商丘	33.80
97	乐山	60.00	208	佳木斯	48.20	319	德宏	33.60
98	恩施州	59.40	209	鹰潭	48.20	320	承德	32.20
99	株洲	59.40	210	黄石	48.20	321	三门峡	31.60
100	泰州	59.20	211	阿里	48.20	322	喀什	30.60
101	金华	59.20	212	通辽	47.40	323	曲靖	30.20
102	温州	59.00	213	钦州	47.40	324	日喀则	30.00
103	泸州	59.00	214	昆明	47.40	325	绥化	29.80
104	青岛	58.80	215	呼和浩特	47.20	326	和田	27.20
105	锡林郭勒	58.60	216	乌鲁木齐	47.20	327	吴忠	26.60
106	常州	58.60	217	宿州	47.00	328	运城	26.00
107	邢台	58.40	218	吉安	47.00	329	林芝	26.00
108	安庆	58.40	219	柳州	47.00	330	迪庆	25.20
109	汕头	58.40	220	保山	47.00	331	三沙	24.60
110	自贡	58.40	221	杭州	46.80	332	临汾	20.40
111	武威	58.40	222	驻马店	46.80			

注：不列示政务渠道缺失或无法正常使用的服务数据，省级自治区采用简称，下同。

(2) 整体概况

在地级市政府政务网站服务能力指数分布中，扬州市与泉州市凭借信息服务能力、事务服务能力的突出成效并列第一，二者不仅能全面、准确、及时地呈现各类政务信息，同时针对个人和企业的网上办事也能够较好地发挥政府服务窗口功能。

此外，扬州市政府对于群众的咨询和反馈能够及时反馈和积极处理，而泉州市则提供了将网站信息分享到各大社交平台的接口，从而进一步提升网站的分享传播能力。江门市和岳阳市分列第二、第三，二者在各个评价指标的表现相对均衡。排名靠后的地市政务网站在信息发布的功能上还处于劣势，机构职能介绍尚未做到完整清晰，线上的服务事项办理还未起步，网站的整体实力与排名靠前的地市有很大差距。

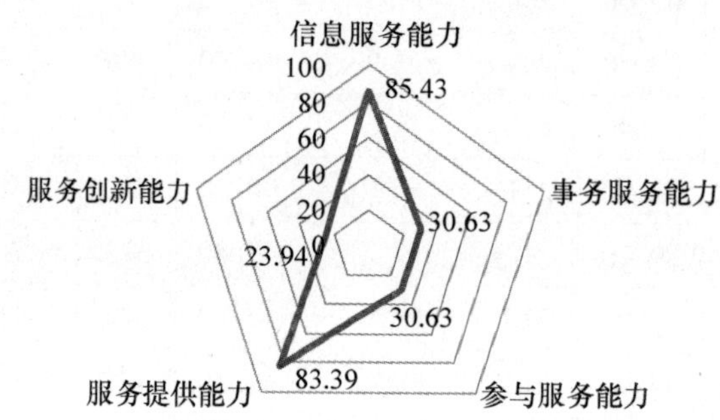

图 2—8　地级市政府政务网站服务能力总体维度指数

从网站服务能力的组成维度来看，信息服务能力、服务提供能力突出，达到较高水平，指数均值分别为 85. 43、83. 39；事务服务能力、参与服务能力、服务创新能力低下，指数均值分别为 30. 63、30. 63、23. 94。当前各地市政务网站服务仍以信息发布为主，网站建设也相对不成熟，事务服务和参与互动等功能还有待进一步完善。

从网站服务能力的地域分布来看，福建省、广东省、江苏省、湖南省均有网站服务能力处于较高水平的地市；中等水平的地市主要集中在广东省、贵州省、四川省、安徽省、浙江省等，其中广东省达到中等服务水平的地级市最多，共有 18 个。

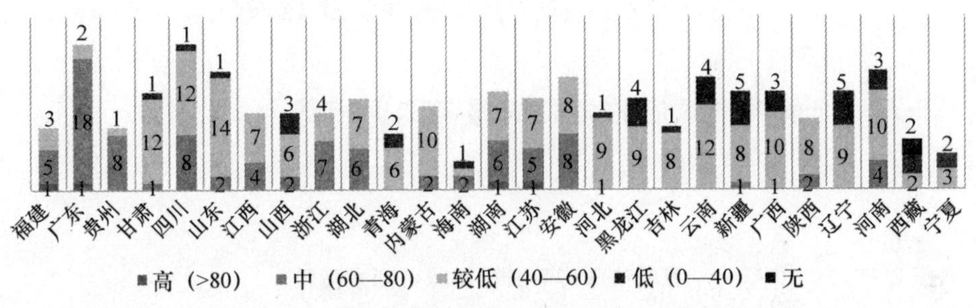

图 2—9 地级市政府政务网站服务能力地域分布柱形图

从网站服务能力的区间分布来看，扬州市、泉州市、江门市、岳阳市、南昌市服务能力高，指数均值为 83.95，占比 1.50%，高出全国平均水平 57.06%；儋州市等 92 个地市的网站服务能力处于中等水平，指数均值为 67.46，占比 27.54%，高出全国平均水平 27.35%；恩施、株洲市等 195 个地市政务网站服务能力较低，指数均值为 49.78，占比 58.38%，低于全国平均水平 6.03%；42 个地市的网站服务能力低，指数均值为 34.11，占比为 12.57%，低于全国平均水平 38.69%。

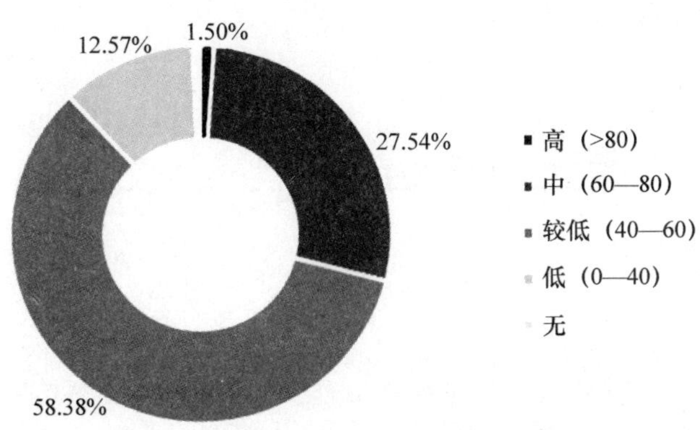

图 2—10 地级市政府政务网站服务能力指数区间分布

三　政务微博服务能力指数

（一）直辖市政府政务微博服务能力指数

（1）微博服务能力指数

表 2—5　　直辖市政府政务微博服务能力指数

排名	直辖市	指数	排名	直辖市	指数
1	北京市	87.30	3	重庆市	67.08
2	上海市	85.00	4	天津市	65.98

（2）整体概况

4 个直辖市中，北京市政务微博（“北京发布”）和上海市政务微博（“上海发布”）分列第一位、第二位，在微博影响力、信息服务能力和服务创新能力上均有良好表现，“上海发布”在信息原创率和数据权威性上稍逊北京。重庆市政务微博在影响力和信息发布的权威性、及时性等方面表现较好，但受渠道建设时间短的影响，排名第三。天津市政务微博的信息服务能力相对落后，排名第四。

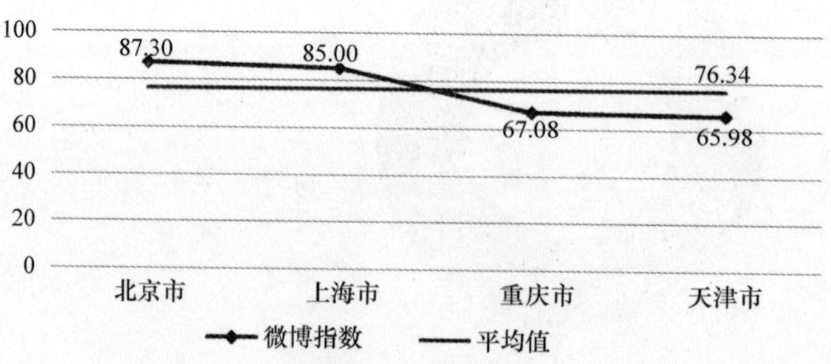

图 2—11　直辖市政府政务微博服务能力指数

从微博服务能力的组成维度来看，4 个直辖市的各项服务能力均表现突出，其中信息服务能力最为出色；服务提供能力、服务创新能力也处于较高水平，微博影响力处于中等水平。就各项服务能力的差异程度而言，各直辖市的政务微博影响力相对均衡，而信息服务能力、服务创新能力、服务提供能力则参差不齐。

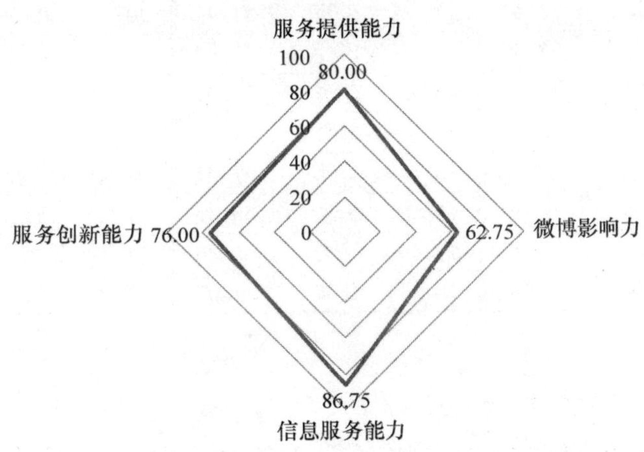

图 2—12　直辖市政府政务微博服务能力总体维度指数

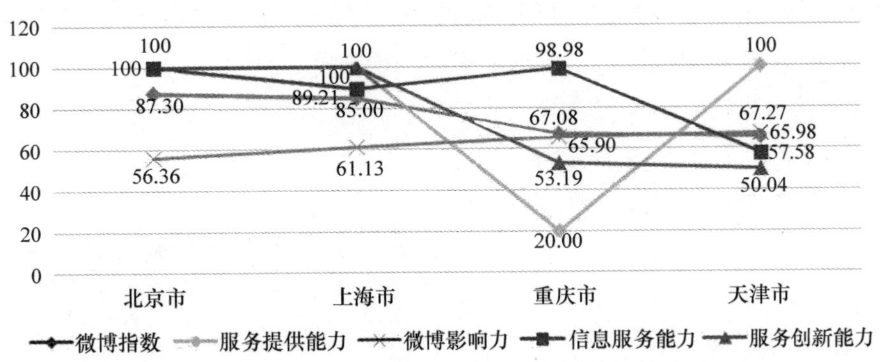

图 2—13　直辖市政府政务微博服务能力具体维度指数

（二）省级政府政务微博服务能力指数

（1）微博服务能力指数

表 2—6　　省级政府政务微博服务能力指数

排名	省份	指数	排名	省份	指数	排名	省份	指数
1	甘肃	84.78	10	贵州	71.56	19	河南	61.92
2	四川	82.62	11	江苏	71.41	20	湖南	61.05
3	河北	82.39	12	内蒙古	70.54	21	福建	60.81
4	新疆	79.09	13	青海	69.31	22	辽宁	59.42
5	湖北	75.62	14	山西	67.73	23	宁夏	56.38
6	云南	75.17	15	安徽	67.23	24	广东	54.71
7	吉林	74.30	16	江西	66.35	25	海南	50.53
8	浙江	73.27	17	西藏	66.26	26	黑龙江	41.00
9	陕西	72.00	18	山东	64.07	27	广西	40.45

（2）整体概况

在省级政府政务微博服务能力指数分布中，甘肃省、四川省、河北省分列前三位。这三个省政务微博渠道开通都比较早，在日均发博数量、粉丝规模以及微博影响力的表现上也相对突出。排名靠后位的省级政务微博相对都开通时间较晚，在粉丝规模和微博影响力上与其他省份存在较大差距。

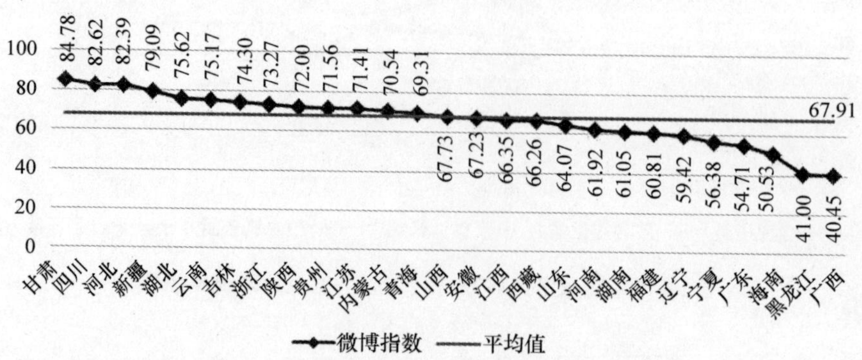

图 2—14　省级政府政务微博服务能力指数

从微博服务能力的组成维度来看，各省政务微博的信息服务能力相对突出，指数均值高达84.63；服务创新能力、服务提供能力处于中等水平，指数均值分别为71.98、65.81；微博影响力较低，指数均值仅为46.64。就各项服务能力的差异程度而言，各省的信息服务能力相对均衡，而服务提供能力、微博影响力以及服务创新能力参差不齐。

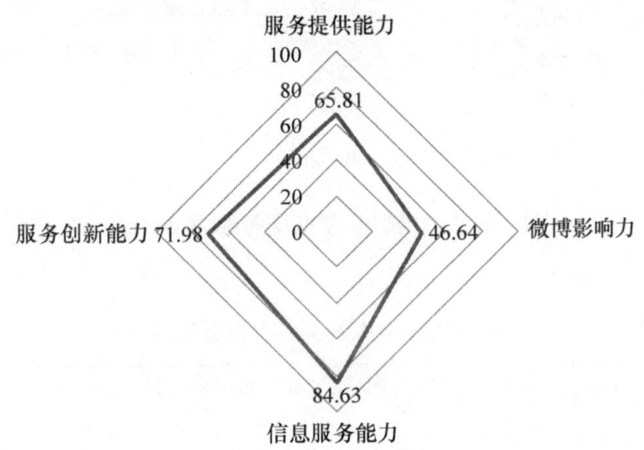

图 2—15　省级政府政务微博服务能力总体维度指数

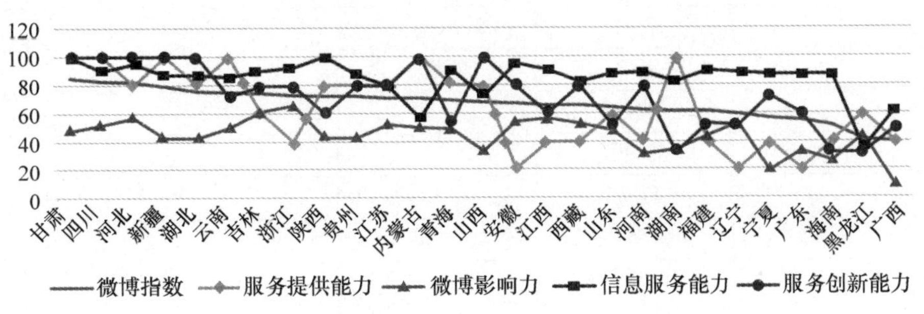

图 2—16　省级政府政务微博服务能力具体维度指数

从微博服务能力的区间分布来看，甘肃省、四川省、河北省的微博服务能力处于较高水平，占比 11.11%，指数均值为 83.26，高于全国平均水平 22.6%；新疆维吾尔自治区、湖北省、云南省等 18 个省（区）的微博服务能力处于中等水平，占比66.67%，指数均值为69.04，高于全国平均水平1.66%；辽宁省、宁夏回族自治区、广东省等6个省（区）的微博服务能力水平较低，占比22.22%，指数均值为50.42，低于全国平均水平25.76%。

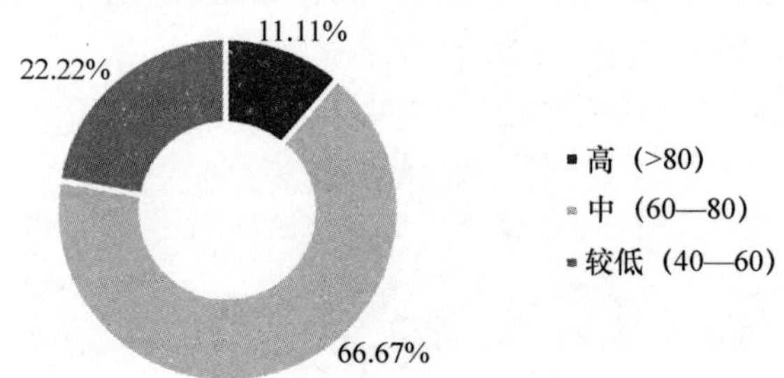

图2—17 省级政府政务微博服务能力指数区间分布

表2—7 省级政府政务微博服务能力指数区间分布

高（>80）	中（60—80）	较低（40—60）	低（0—40）	无
甘肃	新疆	辽宁		
四川	湖北	宁夏		
河北	云南	广东		
	吉林	海南		
	浙江	黑龙江		
	陕西	广西		
	贵州			
	江苏			
	内蒙古			
	青海			
	山西			
	安徽			
	江西			
	西藏			
	山东			
	河南			
	湖南			
	福建			

(三) 地级市政府政务微博服务能力指数

(1) 微博服务能力指数

表 2—8 地级市政府政务微博服务能力指数

排名	地市	指数	排名	地市	指数	排名	地市	指数
1	广州	88.69	83	宝鸡	67.06	165	随州	58.01
2	洛阳	85.68	84	西双版纳	67.01	166	防城港	57.88
3	宁波	84.29	85	赣州	66.99	167	克拉玛依	57.66
4	深圳	83.13	86	鹰潭	66.93	168	汉中	57.47
5	青岛	82.38	87	宜宾	66.89	169	运城	57.18
6	宿迁	80.83	88	新乡	66.83	170	榆林	56.99
7	无锡	80.61	89	渭南	66.76	171	本溪	56.95
8	西安	80.16	90	镇江	66.72	172	茂名	56.91
9	武汉	78.65	91	抚州	66.68	173	曲靖	56.90
10	内江	78.42	92	珠海	66.65	174	菏泽	56.50
11	东莞	78.35	93	乌鲁木齐	66.46	175	黄石	56.23
12	苏州	77.95	94	阳江	66.39	176	黄山	55.90
13	合肥	77.66	95	九江	66.32	177	吐鲁番	55.80
14	银川	77.47	96	南平	66.31	178	廊坊	55.69
15	南昌	77.35	97	泰安	66.27	179	梧州	55.66
16	衡阳	76.89	98	张家口	66.26	180	吕梁	55.56
17	博尔塔拉	76.75	99	南京	66.23	181	恩施	55.47
18	铜陵	76.26	100	日照	66.22	182	锦州	55.32
19	杭州	76.20	101	绍兴	66.17	183	锡林郭勒	55.06
20	济南	75.97	102	德州	66.16	184	朔州	54.87
21	新余	75.85	103	蚌埠	66.10	185	晋城	54.76
22	佛山	75.59	104	益阳	65.91	186	楚雄	54.44
23	萍乡	75.32	105	昌吉	65.79	187	长治	54.22
24	泸州	75.15	106	莱芜	65.76	188	湘西	54.11

续表

排名	地市	指数	排名	地市	指数	排名	地市	指数
25	福州	74.93	107	大同	65.49	189	阿克苏	53.78
26	常州	74.90	108	广元	65.24	190	乌海	53.25
27	宜春	74.63	109	红河	65.00	191	淮北	53.12
28	梅州	74.35	110	抚顺	64.98	192	韶关	53.10
29	吉林	74.30	111	延边	64.95	193	六盘水	52.99
30	哈密	74.28	112	汕头	64.80	194	安阳	52.96
31	承德	74.24	113	通化	64.51	195	克孜勒苏	52.60
32	包头	74.14	114	呼和浩特	64.28	196	甘孜	52.50
33	成都	73.98	115	四平	64.28	197	宁德	52.47
34	岳阳	73.93	116	郴州	64.24	198	商丘	52.45
35	景德镇	73.59	117	北海	64.24	199	安顺	52.33
36	亳州	73.38	118	盐城	64.00	200	忻州	52.32
37	清远	73.21	119	玉林	63.90	201	大理	51.57
38	衢州	73.12	120	濮阳	63.79	202	白城	51.30
39	惠州	73.11	121	黔西南	63.67	203	巴音郭楞	51.18
40	烟台	73.07	122	六安	63.61	204	黄冈	51.14
41	泰州	72.56	123	唐山	63.59	205	丽江	51.09
42	枣庄	72.22	124	普洱	63.43	206	河池	50.90
43	威海	71.90	125	宿州	63.33	207	定西	50.84
44	铜川	71.60	126	三亚	63.28	208	黔东南	50.74
45	舟山	71.42	127	遂宁	63.04	209	石嘴山	50.06
46	宜昌	71.40	128	固原	62.95	210	广安	49.49
47	达州	71.35	129	平凉	62.36	211	荆州	49.42
48	雅安	71.19	130	咸阳	62.34	212	聊城	48.86
49	巴中市	71.17	131	商洛	62.27	213	阿勒泰	48.79
50	湖州	71.03	132	徐州	62.01	214	贵阳	48.57
51	襄阳	71.01	133	潮州	61.96	215	秦皇岛	48.26
52	松原	70.80	134	和田	61.92	216	铜仁	47.98
53	眉山	70.61	135	资阳	61.50	217	海西	47.92

续表

排名	地市	指数	排名	地市	指数	排名	地市	指数
54	丽水	70.56	136	临沧	61.44	218	哈尔滨	47.85
55	德阳	70.55	137	丹东	61.34	219	自贡	47.13
56	潍坊	70.54	138	荆门	60.86	220	兴安	46.52
57	中山	70.54	139	芜湖	60.78	221	呼伦贝尔	46.18
58	温州	70.27	140	辽源	60.49	222	临沂	45.33
59	石家庄	70.22	141	济宁	60.42	223	淮安	45.14
60	昆明	70.13	142	张掖	60.36	224	钦州	45.11
61	常德	70.10	143	郑州	60.33	225	揭阳	45.00
62	凉山	69.90	144	黔南	60.32	226	塔城	44.89
63	乐山	69.42	145	长沙	60.29	227	焦作	44.85
64	鄂尔多斯	68.91	146	淄博	60.12	228	南阳	44.69
65	邯郸	68.27	147	攀枝花	59.96	229	太原	44.47
66	池州	68.19	148	台州	59.94	230	沈阳	43.91
67	鄂州	68.19	149	金昌	59.74	231	黄南	43.37
68	上饶	68.13	150	延安	59.73	232	厦门	43.11
69	连云港	68.12	151	白山	59.60	233	儋州	42.71
70	宣城	68.10	152	伊犁	59.56	234	东营	42.24
71	滨州	68.06	153	阜阳	59.30	235	株洲	41.45
72	阿坝	67.79	154	咸宁	59.23	236	马鞍山	41.20
73	江门	67.62	155	吉安	59.21	237	淮南	40.22
74	南充	67.62	156	七台河	59.13	238	衡水	39.13
75	安庆	67.61	157	十堰	58.75	239	嘉峪关	36.83
76	昭通	67.45	158	河源	58.62	240	海东	35.01
77	齐齐哈尔	67.43	159	海口	58.61	241	绥化	33.38
78	兰州	67.39	160	龙岩	58.35	242	云浮	32.63
79	保定	67.38	161	陇南	58.10	243	西宁	30.51
80	汕尾	67.23	162	金华	58.09	244	邢台	28.41
81	安康	67.18	163	嘉兴	58.07			
82	孝感	67.09	164	湛江	58.03			

（2）整体概况

在地级市政府政务微博服务能力指数中，广州市、洛阳市和宁波市位列前三名。这三个地市的政务微博在微博影响力、服务创新能力、信息服务能力上均有出色表现。排名靠后的地级市中，尚有一些未开通政务微博渠道，难以发挥微博作为市民与政府互动交流的媒介作用；另一些指数较低的地市政务微博多为新注册账号，粉丝规模较小，且发布微博的形式单一、缺乏原创性，难以吸引微博用户。

从微博服务能力的组成维度来看，各地市整体的信息服务能力、服务创新能力仍处于较低水平，指数均值分别为59.46、44.85；服务提供能力、微博影响力则更加落后，指数均值仅为28.02，当前地市政府在政务微博的运营管理和使用上仍处于探索时期，且主要将微博作为信息发布的工具，其他功能则有待进一步拓展。

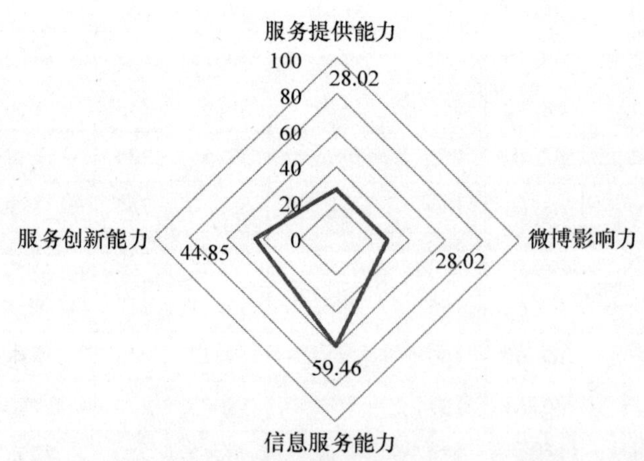

图2—18 地级市政府政务微博服务能力总体维度指数

从微博服务能力的地域分布来看，江苏省、广东省各有两个地市的微博服务能力达到高水平；四川省、山东省、广东省、安徽省、江西省均有10个以上的地市微博服务能力达到中等水平；此外，部分省（区）仍有相当比例的地市尚未开通政务微博。

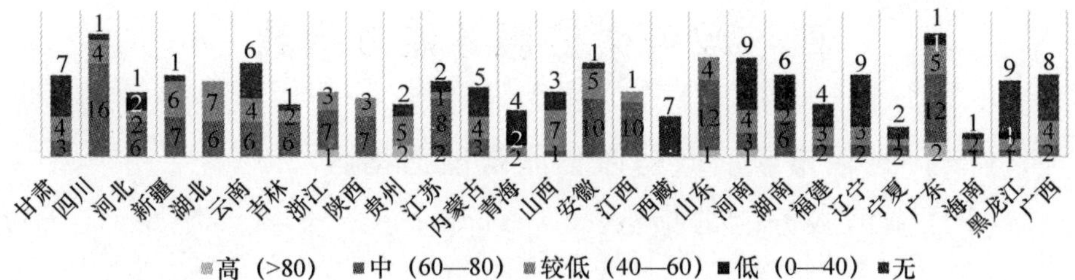

图 2—19　地级市政府政务微博服务能力地域分布柱形图

从微博服务能力的区间分布来看，广州市、洛阳市、宁波市、深圳市等 8 个地市的微博服务能力较强，指数均值为 83.22，占比 2.40%，高出全国平均水平 83.90%；武汉市等 138 个地市政务微博服务能力处于中等水平，指数均值为 68.39，占比 41.32%，高出全国平均水平 51.12%；阜阳市、咸宁市等 91 个地市政务微博服务能力较低，指数均值为 52.47，占比 27.25%，高出全国平均水平 15.95%；衡水市、嘉峪关市等 7 个地市政务微博服务能力低，指数均值为 33.70，占比 2.10%，低于全国平均水平 24.44%；此外，仍有 90 个地市尚未开通政务微博，占比 26.95%。

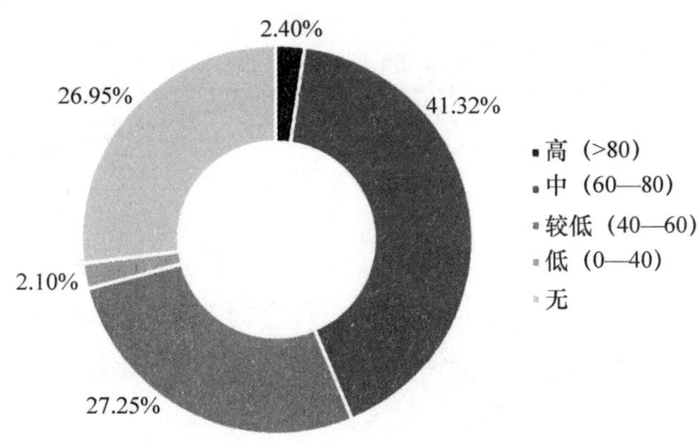

图 2—20　地级市政府政务微博服务能力指数区间分布

四　政务微信服务能力指数

（一）直辖市政府政务微信服务能力指数

（1）微信服务能力指数

表 2—9　　直辖市政府政务微信服务能力指数

排名	直辖市	指数	排名	直辖市	指数
1	北京市	75.85	3	重庆市	53.28
2	上海市	66.64	4	天津市	34.41

（2）整体概况

4 个直辖市中，北京市政务微信服务能力指数位列第一，不仅能及时发布市民所需信息，同时可较好实现事务的在线办理。上海市排名第二，在参与服务能力和微信影响力上稍逊一筹。目前，各直辖市的政务微信服务主要以信息发布为主，逐步向提供事务服务、参与服务的方向迈进。

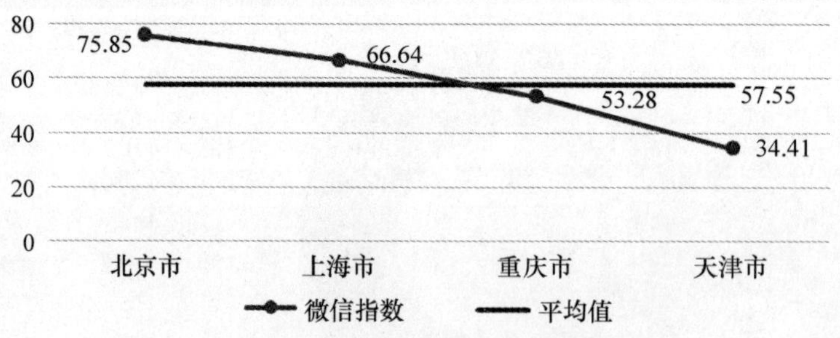

图 2—21　直辖市政府政务微信服务能力指数

从微信服务能力的组成维度来看，4 个直辖市的信息服务能力相对突出，指数均值高达 86.74；事务服务能力和服务提供能力处于中等水平，而微信影响力与参与服务能力较弱。就各项服务能力的差异程度而言，各直辖市的服务提供能力水平相对均衡；事务服务能力、参与服务能力、微信影响力则与其微信指数相对应，相对较大。总体而言，目前微信政务服务处于“信息发布”的阶段，并逐渐向事务服务、参与服务阶段过渡。

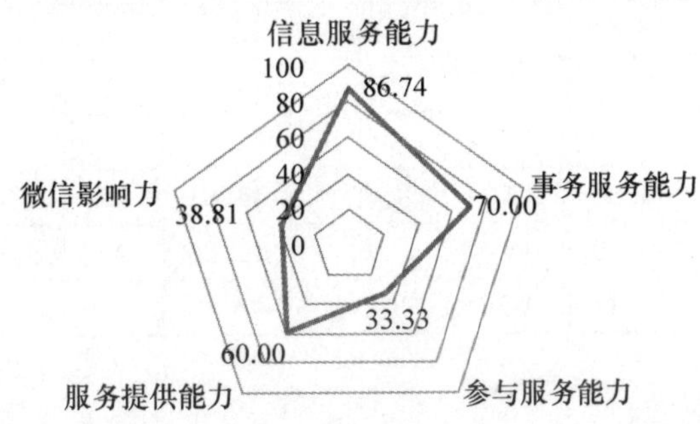

图 2—22　直辖市政府政务微信服务能力总体维度指数

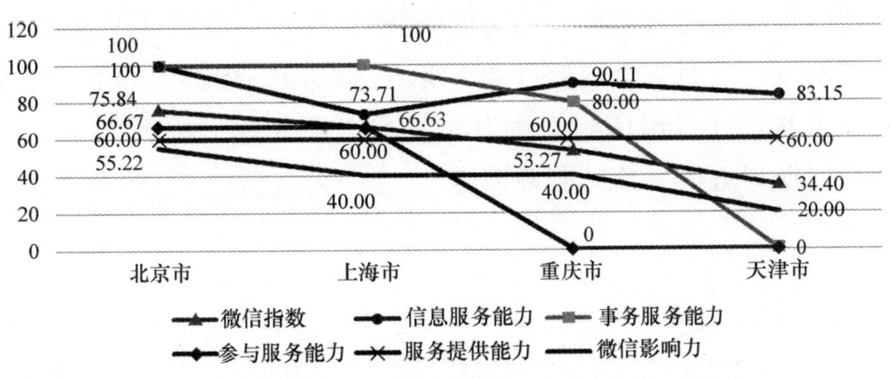

图 2—23　直辖市政府政务微信服务能力具体维度指数

（二）省级政府政务微信服务能力指数

（1）微信服务能力指数

表 2—10　省级政府政务微信服务能力指数

排名	省份	指数	排名	省份	指数	排名	省份	指数
1	浙江	65.49	9	青海	48.61	17	湖北	41.05
2	甘肃	63.30	10	安徽	48.03	18	江西	40.58
3	黑龙江	59.81	11	新疆	47.91	19	海南	32.21
4	湖南	59.45	12	四川	47.37	20	宁夏	31.18
5	河南	57.50	13	福建	47.09	21	陕西	31.11
6	吉林	53.00	14	河北	43.61	22	山东	29.39
7	江苏	49.40	15	贵州	42.86	23	辽宁	26.85
8	广东	48.83	16	内蒙古	41.80	24	广西	18.76

（2）整体概况

在省级政府政务微信服务能力指数分布中，浙江省位列第一，甘肃省、黑龙江省、湖南省、河南省分列第2—5名。排名靠前的省级政府政务微信在用户规模和用户活跃度上处于全国领先地位。然而，个别省（自治区）尚未开通政务微信，部分已开通的省（自治区）也因其内容更新不及时、服务内容单一而难以发挥微信平台的服务潜能。

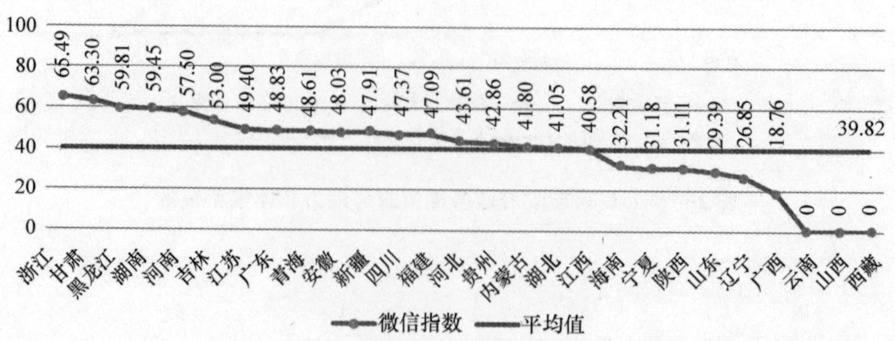

图 2—24　省级政府政务微信服务能力指数

从微信服务能力的组成维度来看，各省政务微信的信息服务能力整体突出，微信影响力次之，而事务服务能力、服务提供能力、参与服务能力则亟待提升。就各项服务能力的差异程度而言，各维度指数与微信总指数对比浮动较大，地市微信渠道的各项服务能力参差不齐，微信服务仍处于信息发布的阶段，事务服务能力、参与服务能力亟待提升，与实现“一站式”政务服务目标仍有一定距离。

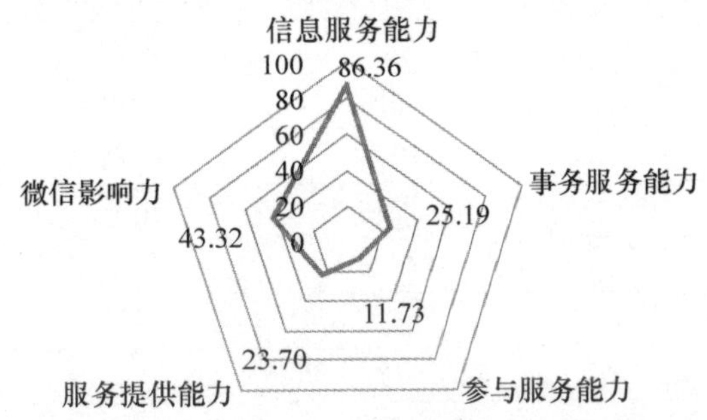

图 2—25　省级政府政务微信服务能力总体维度指数

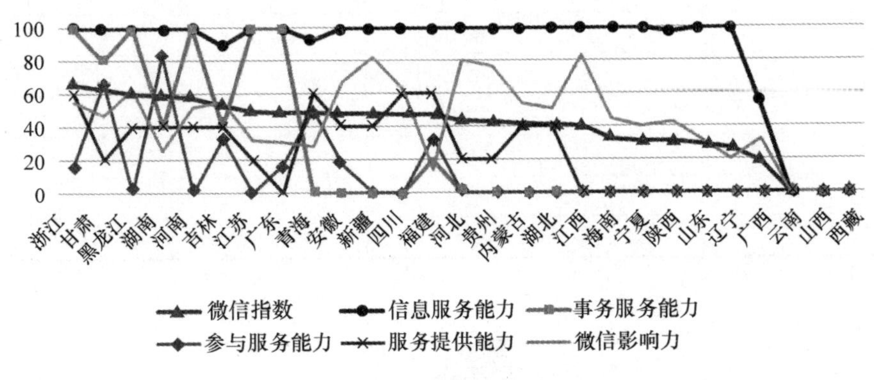

图 2—26　省级政府政务微信服务能力具体维度指数

从微信服务能力的区间分布来看，仅有浙江省、甘肃省的微信服务能力处于中等水平，指数均值为 64. 39，占比 7. 41%，高出全国平均水平 61. 70%；黑龙江省、湖南省、河南省等 16 个省（自治区）的微信服务能力处于较低水平，占比 59. 26%，指数均值为 48.55，高出全国平均水平 21.92%；海南省、宁夏回族自治区等 6 个省（自治区）的微信服务能力处于低水平，占比 22.22%，指数均值为 30.00，低于全国平均水平 24.67%；另外，仍有 3 个省（自治区）尚未开通政务微信服务渠道，占比 11.11%。

表 2—11　　省级政府政务微信服务能力指数区间分布

高（>80）	中（60—80）	较低（40—60）	低（0—40）	无
	浙江	黑龙江	海南	云南
	甘肃	湖南	宁夏	山西
		河南	陕西	西藏
		吉林	山东	
		江苏	辽宁	
		广东	广西	
		青海		
		安徽		
		新疆		
		四川		
		福建		
		河北		
		贵州		
		内蒙古		
		湖北		
		江西		

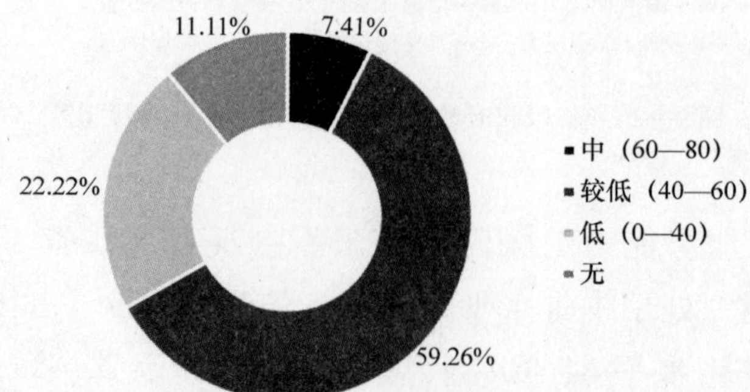

图 2—27　省级政府政务微信服务能力指数区间分布

(三) 地级市政府政务微信服务能力指数

(1) 微信服务能力指数

表 2—12　　地级市政府政务微信服务能力指数

排名	地市	指数	排名	地市	指数	排名	地市	指数
1	汕头	85.54	71	南京	51.69	141	盘锦	41.20
2	宜昌	84.71	72	齐齐哈尔	51.56	142	锡林郭勒	40.99
3	江门	81.38	73	无锡	51.55	143	南平	40.91
4	邯郸	79.15	74	乐山	51.46	144	吉安	40.91
5	广州	78.42	75	深圳	51.34	145	遂宁	40.60
6	六安	76.02	76	西安	50.52	146	杭州	40.58
7	三亚	75.41	77	乌兰察布	50.35	147	荆门	40.35
8	中山	75.26	78	晋城	50.19	148	宜春	40.06
9	佛山	69.36	79	佳木斯	50.12	149	聊城	40.02
10	益阳	69.02	80	泉州	50.11	150	安顺	40.02
11	清远	68.71	81	襄阳	50.02	151	湘西	39.74
12	淮北	68.24	82	昭通	49.88	152	凉山	39.70
13	宁波	68.15	83	鹰潭	49.45	153	威海	39.50
14	丽水	68.00	84	福州	49.38	154	泰州	39.31
15	鄂州	67.68	85	德宏	49.23	155	攀枝花	39.14
16	阜阳	67.45	86	九江	48.88	156	伊犁	38.58
17	岳阳	67.10	87	黄山	48.87	157	楚雄	38.41
18	濮阳	66.14	88	庆阳	48.76	158	吉林	38.17
19	亳州	65.64	89	徐州	48.30	159	莆田	37.92
20	蚌埠	64.79	90	淮安	48.18	160	甘孜	37.79
21	长治	64.46	91	阿克苏	48.16	161	鹤岗	37.54
22	南昌	64.16	92	克孜勒苏	47.99	162	保定	37.48
23	北海	63.88	93	唐山	47.75	163	绥化	37.48
24	温州	62.76	94	延边	47.61	164	和田	37.34

续表

排名	地市	指数	排名	地市	指数	排名	地市	指数
25	十堰	62.20	95	海东	47.09	165	眉山	37.00
26	河源	62.04	96	德阳	47.04	166	文山	36.61
27	张家界	61.96	97	昆明	47.02	167	渭南	36.36
28	恩施	61.75	98	鹤壁	46.85	168	荆州	35.86
29	龙岩	61.75	99	郴州	46.63	169	茂名	35.84
30	淮南	61.63	100	德州	46.62	170	株洲	35.84
31	鄂尔多斯	61.57	101	绵阳	46.59	171	东莞	35.74
32	商洛	61.54	102	衡阳	46.25	172	阳江	35.69
33	惠州	61.29	103	永州	46.07	173	防城港	35.69
34	随州	61.02	104	酒泉	46.05	174	海南	35.39
35	三明	61.00	105	铜川	45.95	175	商丘	35.36
36	达州	60.96	106	哈尔滨	45.77	176	宿迁	35.36
37	吐鲁番	60.46	107	黔西南	45.63	177	呼伦贝尔	35.09
38	潍坊	60.37	108	铜陵	45.58	178	来宾	35.02
39	武汉	60.08	109	汕尾	45.44	179	开封	34.94
40	安康	59.73	110	兰州	45.37	180	嘉峪关	34.94
41	呼和浩特	59.33	111	咸阳	45.20	181	沧州	34.56
42	梅州	59.31	112	昌吉	45.11	182	运城	34.46
43	邢台	58.84	113	黄石	45.01	183	吕梁	34.00
44	金华	58.71	114	厦门	44.80	184	巴彦淖尔	33.89
45	海口	57.90	115	白城	44.31	185	白山	33.86
46	青岛	57.76	116	济南	44.27	186	临夏	33.75
47	肇庆	57.72	117	内江	44.23	187	嘉兴	33.69
48	盐城	57.69	118	宁德	44.22	188	大兴安岭	33.33
49	白银	57.55	119	汉中	44.11	189	泸州	33.18
50	哈密	57.45	120	定西	43.91	190	景德镇	33.15
51	宿州	57.13	121	绍兴	43.82	191	塔城	32.60
52	大同	56.10	122	枣庄	43.82	192	滨州	32.60

续表

排名	地市	指数	排名	地市	指数	排名	地市	指数
53	宣城	56.05	123	通辽	43.75	193	固原	32.26
54	雅安	55.83	124	毕节	43.45	194	黄南	32.07
55	宜宾	55.67	125	常州	43.41	195	合肥	31.18
56	丽江	55.30	126	辽源	43.28	196	湛江	31.18
57	广元	54.97	127	七台河	43.25	197	赤峰	30.94
58	韶关	54.84	128	黔东南	43.11	198	临沂	30.75
59	连云港	54.66	129	石家庄	43.09	199	包头	30.68
60	湖州	54.61	130	南充	43.06	200	湘潭	30.23
61	常德	54.23	131	松原	42.98	201	铜仁	30.18
62	曲靖	54.21	132	鸡西	42.90	202	营口	29.60
63	长沙	53.87	133	沈阳	42.70	203	莱芜	29.37
64	玉溪	53.01	134	黔南	42.47	204	广安	28.92
65	六盘水	52.78	135	西宁	42.42	205	东营	28.64
66	抚州	52.45	136	铁岭	42.42	206	烟台	28.55
67	秦皇岛	52.40	137	通化	42.10	207	自贡	28.46
68	朔州	51.86	138	舟山	42.04	208	乌海	28.41
69	萍乡	51.84	139	贵阳	41.60	209	衡水	28.12
70	锦州	51.81	140	台州	41.28	210	池州	28.12

注：排名靠后的部分地市不列示。

（2）整体概况

在地级市政府政务微信服务能力指数中，汕头市位列第一，宜昌市、江门市、邯郸市、广州市分列第2—5名。这5个城市的政务微信都能实现权威、准确、及时的信息发布，其事务服务呈现流程清晰、入口易寻的特征。排名靠后的地市政务微信主要用于信息发布，其他拓展功能还未上线。政务微信指数均值为31.71，总体服务水平低。其中194个地市指数超过全国平均水平，占比60.18%；但仅有39个地市政务微信服务能力达到中等水平，占比11.98%。

从微信服务能力的组成维度来看，各地市整体的信息服务能力均值为61.69，处于中等水平；而服务提供能力、微信影响力、事务服务能力、参与服务能力较弱，整体发展欠佳，难以发挥微信平台的服务潜能。

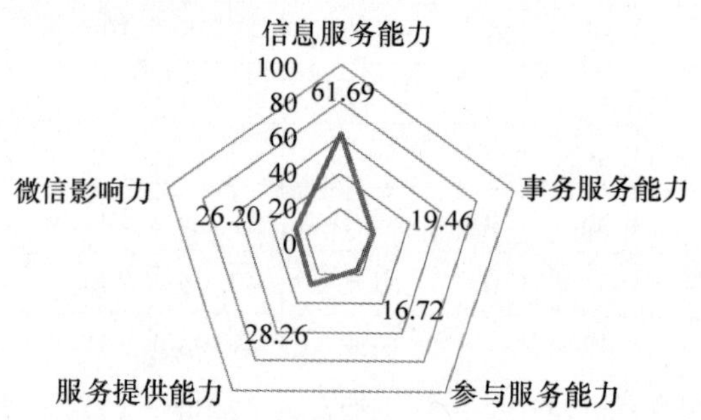

图 2—28　地级市政府政务微信服务能力总体维度指数

从微信服务能力的地域分布来看，广东省、湖北省均有地市的政务微信服务能力达到较高水平，在处于中等水平的地市中，广东省和安徽省上榜城市最多，均为6个，其次为湖北省，有5个城市上榜。其他省（区）所辖地市的微信服务能力多处于较低水平甚至低水平，另外有3个省（区）的大部分地市尚未开通政务微信服务渠道。

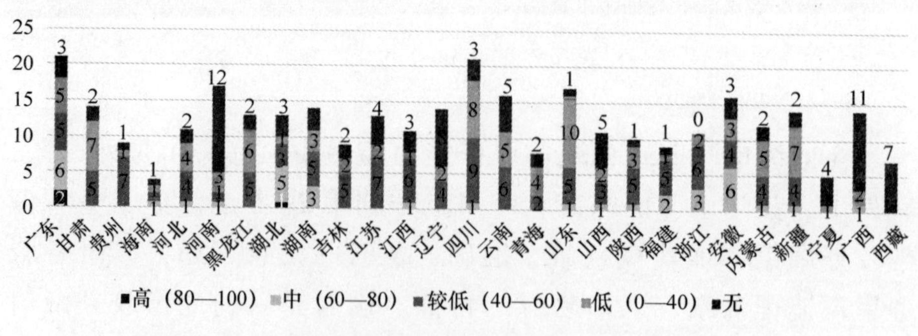

图 2—29　地级市政府政务微信服务能力地域分布柱形图

从微信服务能力的区间分布来看，仅有汕头市、宜昌市、江门市的微信服务能力达到较高水平，占比0.90%，指数均值为

83.88，高出全国平均水平164.51%；邯郸市、广州市等36个地市的微信服务能力处于中等水平，占比10.78%，均值为65.55，高于全国平均水平106.71%；吐鲁番市、潍坊市等111个地市的微信服务能力较低，占比33.23%，指数均值为48.32，高于平均水平52.41%；泰州市、攀枝花市等91个地市的微信服务能力低，占比27.25%，指数均值为27.96，低于平均水平11.83%。另外，仍有93个地市尚未开通微信服务渠道，占比27.84%。

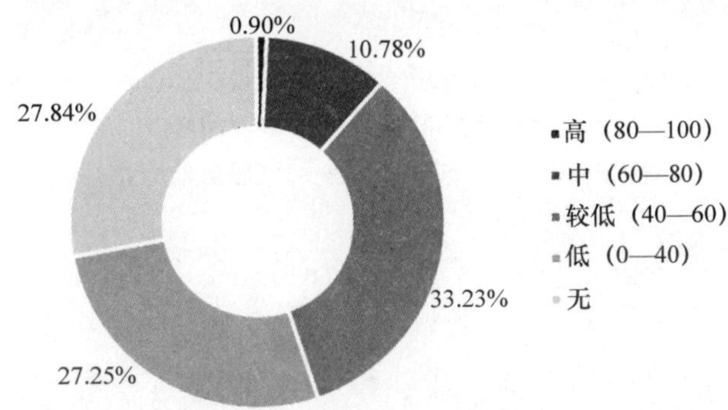

图2—30　地级市政府政务微信服务能力指数区间分布

五　政务APP服务能力指数

（一）直辖市政府政务APP服务能力指数

（1）APP服务能力指数

表2—13　直辖市政府政务APP服务能力指数

排名	直辖市	指数	排名	直辖市	指数
1	重庆市	72.27	3	北京市	47.08
2	上海市	60.05	4	天津市	0

（2）整体概况

4个直辖市中，重庆市的政务APP服务能力位列第一，不仅功能全面、信息完备，且能很好地迎合用户的使用习惯。上海市和北京市分列第二位、第三位，在信息的丰富度、APP 使用体验以及用户反馈机制上略显逊色。截至测评时，天津市尚未开通政务 APP 服务渠道。

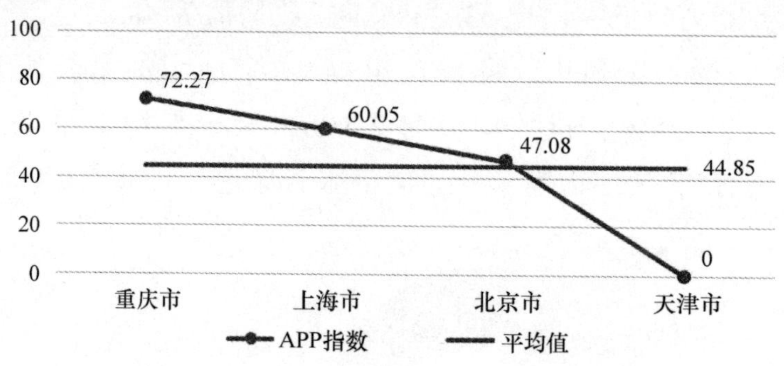

图 2—31 直辖市政府政务 APP 服务能力指数

从 APP 服务能力的组成维度来看，3 个直辖市整体的信息服务能力处于中等水平，指数均值为 57.82；服务提供能力处于较低水平，指数均值为 67.38；事务服务能力、参与服务能力明显不足，均值分别为 35.00、11.27。具体来看，重庆市除了参与服务能力，其余各个维度均为第一；上海市提供了用户参与反馈的相关功能；北京市的服务提供能力领先，但事务服务能力基本空白。另外，就各项服务能力的差异程度而言，直辖市的各具体维度服务能力均存在参差不齐的现象。

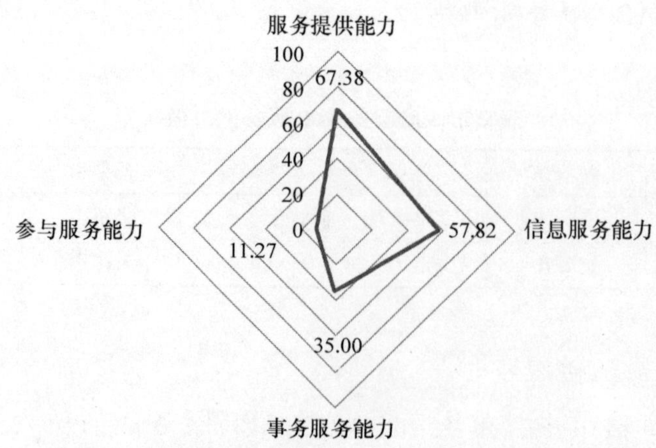

图 2—32 直辖市政府政务 APP 服务能力总体维度指数

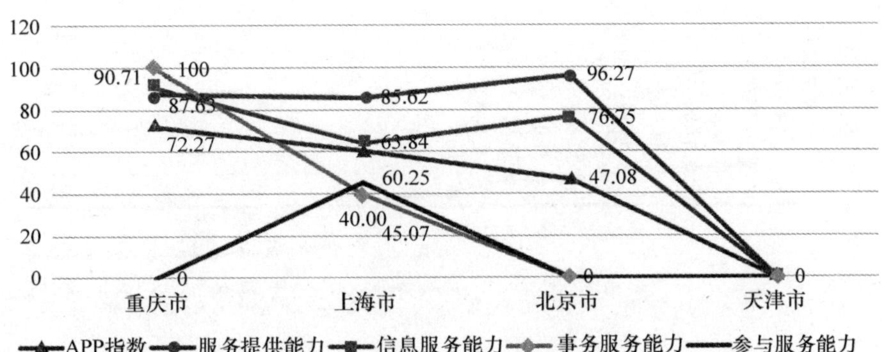

图 2—33　直辖市政府政务 APP 服务能力具体维度指数

(二) 省级政府政务 APP 服务能力指数

(1) APP 服务能力指数

表 2—14　省级政府政务 APP 服务能力指数

排名	省份	指数	排名	省份	指数	排名	省份	指数
1	贵州	73.89	8	海南	39.15	15	广西	27.87
2	湖北	67.45	9	内蒙古	37.46	16	广东	5.87
3	湖南	44.91	10	福建	36.63	17	甘肃	3.72
4	山东	43.03	11	四川	36.50	18	新疆	3.72
5	河北	42.89	12	山西	35.33	19	辽宁	1.49
6	浙江	42.32	13	青海	30.02	20	西藏	1.49
7	云南	41.62	14	江苏	29.61			

(2) 整体概况

在省级政府政务 APP 服务能力指数分布中，贵州省位列第一，湖北省、湖南省分列第二名、第三名。其中，贵州省的政务 APP 因其界面友好、类目清晰、操作便捷、信息更新时效性强和办事效率高的特点，备受用户好评。

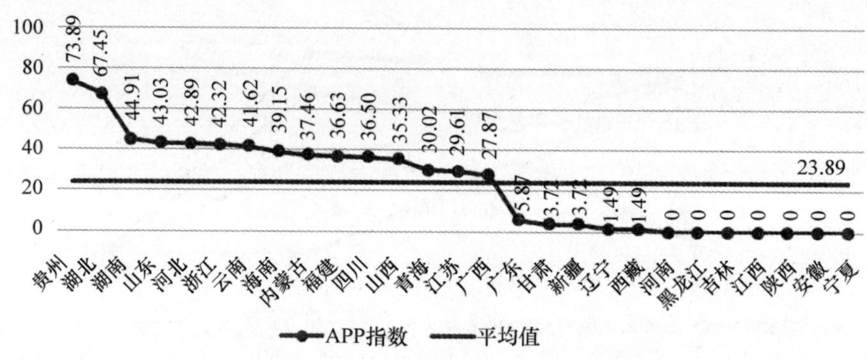

图 2—34　省级政府政务 APP 服务能力指数

从 APP 服务能力的组成维度来看，各省政务 APP 整体的信息服务能力处于较低水平，服务提供能力、事务服务能力、参与服务能力明显滞后，亟待提升。除了事务服务能力、参与服务能力，其余各个维度与 APP 服务能力的排名分布基本一致。总体而言，各省政务 APP 仍以信息服务为主，事务服务、参与服务等相关功能还处于起步阶段。

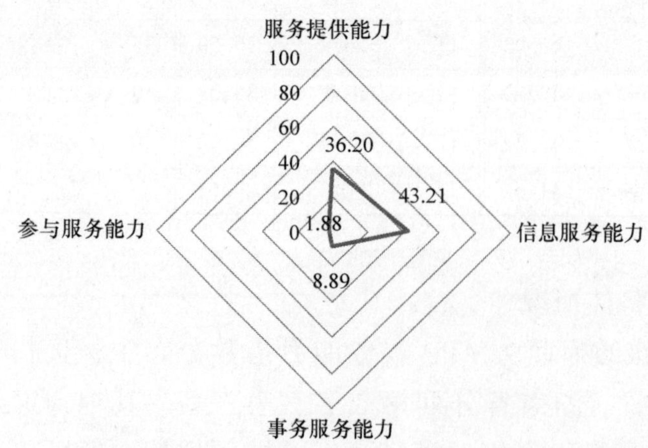

图 2—35　省级政府政务 APP 服务能力总体维度指数

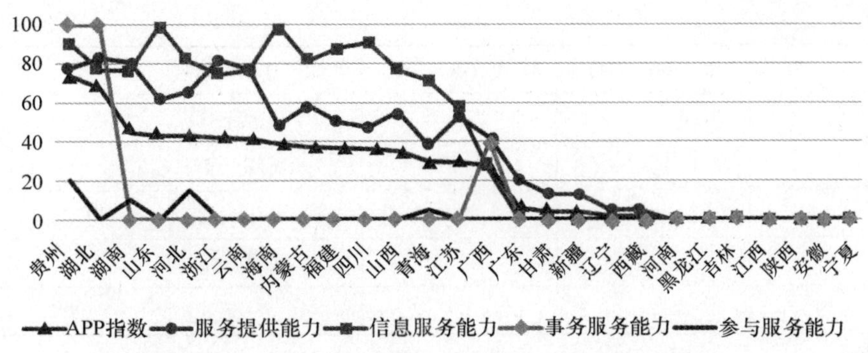

图 2—36　省级政府政务 APP 服务能力具体维度指数

从 APP 服务能力的区间分布来看，仅有贵州省、湖北省的 APP 服务能力达到中等水平，占比 7.41%，指数均值为 70.67，高出全国平均水平 194.46%；湖南省、山东省等 5 个省的 APP 服务能力较低，占比 18.52%，指数均值为 42.96，高出全国平均水平 79%；海南省、内蒙古自治区等 13 个省（区）的 APP 服务能力低，占比 48.15%，指数均值为 22.22，低于全国平均水平 7.42%；另外，仍有 7 个省级政府尚未建成政务 APP，占比 25.93%。

表 2—15　　省级政府政务 APP 服务能力指数区间分布

高（>80）	中（60—80）	较低（40—60）	低（0—40）	无
	贵州	湖南	海南	河南
	湖北	山东	内蒙古	黑龙江
		河北	福建	吉林
		浙江	四川	江西
		云南	山西	陕西
			青海	安徽
			江苏	宁夏
			广西	
			广东	

续表

高（>80）	中（60—80）	较低（40—60）	低（0—40）	无
			甘肃	
			新疆	
			辽宁	
			西藏	

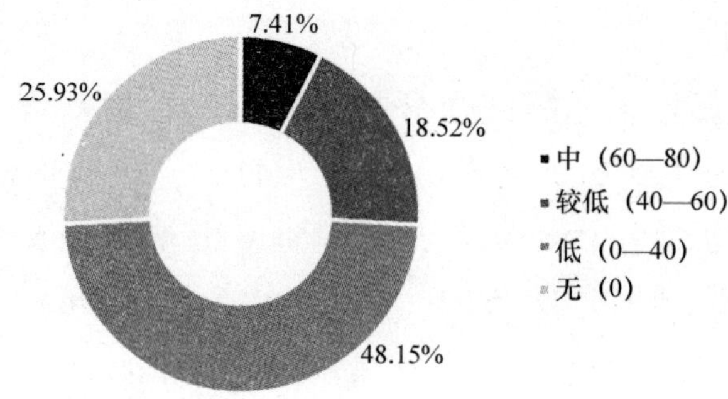

图 2—37　省级政府政务 APP 服务能力指数区间分布

（三）地级市政府政务 APP 服务能力指数

（1）APP 服务能力指数

表 2—16　　**地级市政府政务 APP 服务能力指数**

排名	地市	指数	排名	地市	指数	排名	地市	指数
1	宁波	71.52	57	黔南	46.73	113	保定	36.28
2	西安	70.41	58	汉中	46.31	114	厦门	36.07
3	黑河	69.67	59	温州	45.60	115	襄阳	35.94
4	恩施	68.49	60	莱芜	45.52	116	焦作	35.87
5	武汉	68.26	61	岳阳	45.41	117	张家口	35.41
6	吉安	67.68	62	宜昌	44.47	118	滨州	35.41
7	福州	67.54	63	海口	44.26	119	嘉兴	34.92
8	南京	67.54	64	连云港	43.66	120	江门	34.92

续表

排名	地市	指数	排名	地市	指数	排名	地市	指数
9	哈尔滨	67.47	65	淮北	42.98	121	无锡	34.79
10	中山	67.45	66	苏州	42.37	122	双鸭山	34.78
11	临沧	66.38	67	阳泉	42.20	123	德阳	34.70
12	文山	66.38	68	济南	42.20	124	宜春	34.68
13	遵义	66.02	69	安庆	41.97	125	鞍山	34.67
14	凉山	65.95	70	鄂尔多斯	41.74	126	那曲	34.36
15	大兴安岭	65.75	71	玉林	41.74	127	南宁	34.30
16	扬州	65.43	72	曲靖	41.62	128	延安	34.19
17	丽江	64.97	73	普洱	41.62	129	东营	34.18
18	怒江	64.97	74	西双版纳	41.62	130	吐鲁番	33.70
19	兰州	64.02	75	迪庆	41.62	131	银川	33.60
20	青岛	63.80	76	湖州	41.29	132	梧州	33.51
21	广州	63.65	77	漳州	41.05	133	淮南	33.50
22	楚雄	63.07	78	安顺	40.79	134	儋州	33.49
23	伊春	62.95	79	佛山	40.70	135	淮安	32.64
24	泰州	62.05	80	镇江	40.67	136	榆林	32.05
25	大理	61.66	81	雅安	40.60	137	衡阳	31.94
26	河源	60.07	82	哈密	40.36	138	常州	31.53
27	昆明	59.92	83	滁州	40.09	139	定西	31.27
28	汕头	58.97	84	宣城	40.09	140	晋城	31.03
29	本溪	58.79	85	威海	40.09	141	资阳	31.03
30	东莞	57.94	86	蚌埠	39.96	142	内江	30.67
31	莆田	57.48	87	六安	39.96	143	徐州	29.73
32	亳州	56.08	88	铜陵	39.96	144	芜湖	29.45
33	孝感	55.75	89	三明	39.85	145	贵港	29.40
34	金华	55.70	90	衢州	39.68	146	阿克苏	29.29
35	保山	55.69	91	通辽	39.51	147	宜宾	28.68
36	南充	55.26	92	咸阳	39.41	148	乌鲁木齐	27.07

续表

排名	地市	指数	排名	地市	指数	排名	地市	指数
37	肇庆	55.06	93	赤峰	39.11	149	安阳	25.74
38	泉州	54.76	94	德州	38.93	150	开封	25.70
39	朔州	54.16	95	宿州	38.68	151	铁岭	24.83
40	台州	53.77	96	昭通	38.65	152	池州	24.01
41	黄山	53.37	97	玉溪	38.65	153	衡水	23.33
42	长春	53.03	98	红河	38.65	154	遂宁	19.41
43	荆门	52.36	99	德宏	38.65	155	营口	18.23
44	湛江	51.42	100	呼和浩特	38.64	156	惠州	14.35
45	沈阳	51.34	101	廊坊	38.43	157	郴州	13.77
46	益阳	50.55	102	防城港	38.31	158	长沙	12.53
47	三亚	49.94	103	阿坝	37.79	159	巴中	7.24
48	成都	49.90	104	南平	37.32	160	淄博	3.31
49	南通	49.39	105	烟台	37.22	161	绥化	2.89
50	马鞍山	48.83	106	齐齐哈尔	37.20	162	宁德	1.49
51	龙岩	48.79	107	石嘴山	37.08	163	河池	1.49
52	包头	48.51	108	舟山	37.03	164	崇左	1.49
53	黄冈	48.10	109	广元	36.92	165	钦州	1.49
54	来宾	47.65	110	鹰潭	36.79	166	克拉玛依	1.49
55	攀枝花	47.22	111	宿迁	36.49			
56	珠海	46.93	112	阜阳	36.45			

（2）整体概况

在地级市政府政务 APP 服务能力指数分布中，宁波市位列第一，西安市、黑河市、恩施州、武汉市分列第 2—5 名。截至测评时，仍有 168 个地市尚未开通政务 APP。

从 APP 服务能力的组成维度来看，各地市整体的信息服务能力、服务提供能力、事务服务能力、参与服务能力均处于低水平。

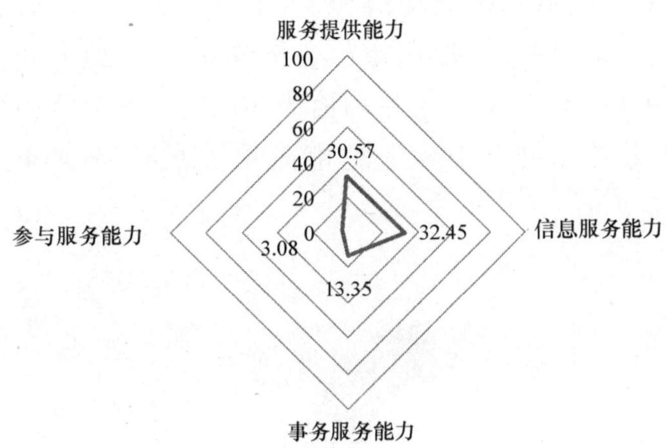

图 2—38　地级市政府政务 APP 服务能力总体维度指数

从 APP 服务能力的地域分布来看，处于中等水平的地市中，云南省达 6 个，黑龙江省有 4 个。其余省（自治区）所辖地市的 APP 服务能力多处于较低及低水平，尚未建成 APP 的地市也占有相当大的比例。总体来说，政务 APP 的建设进程与网站、微博相比仍有较大差距。

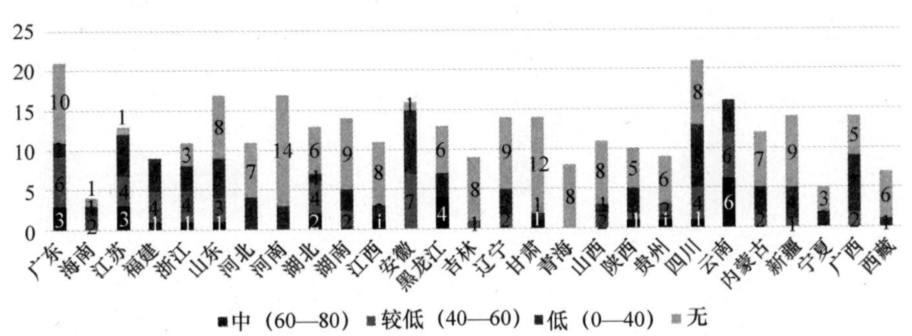

图 2—39　地级市政府政务 APP 服务能力地域分布柱形图

从 APP 服务能力的区间分布来看，宁波市等 26 个地市政务 APP 服务能力达到中等水平，占比 7.78%，指数均值为 65.89，高出全国平均水平 215.46%；河源市、昆明市等 59 个地市的

APP服务能力较低，指数均值为47.73，占比17.66%，高于全国平均水平128.51%；哈密市、滁州市等81个地市的APP服务能力低，占比24.25%，指数均值为30.21，高于全国平均水平44.64%；此外，仍有168个地市尚未建成政务APP，占比高达50.30%。

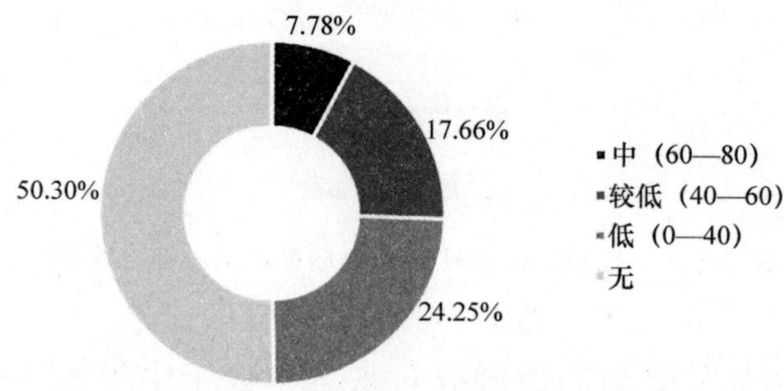

图2—40　地级市政府政务APP服务能力指数区间分布

第三章　政府电子服务能力综合指数

一　政府电子服务能力综合指数

（一）政府电子服务能力综合指数说明

电子服务能力综合指数是政务网站、“两微一端”四个渠道服务能力的综合测评指标，用以更加全面、客观地评价现阶段中国电子政务服务渠道的建设水平。其计算公式如下：

$$EGSAI_C = \sum_{i=1}^{4} \sigma_i EGSCI_i$$

其中，$EGSAI_C$ 为政府电子服务能力渠道综合指数，σ_i 指权重，$EGSCI_i$ 为政府电子服务能力各渠道指数，$i=1$，2，3，4，分别代表网站、微博、微信、APP。

（二）直辖市政府电子服务能力综合指数

（1）综合指数

表 3—1　　直辖市政府电子服务能力综合指数

排名	直辖市	综合指数	网站指数	微博指数	微信指数	APP 指数
1	北京市	69.68	76.01	87.30	75.85	47.08
2	上海市	66.12	63.28	85.00	66.64	60.25
3	重庆市	64.25	63.78	67.08	53.28	72.27
4	天津市	35.17	49.73	65.98	34.41	0

（2）整体概况

4个直辖市中，北京市电子政务服务渠道建设综合水平位列第一，在政务网站和“两微一端”的建设上成效显著，上海市和重庆市分列第二位、第三位，“新媒体”渠道建设的完整性与易用性值得肯定。而天津市由于APP政务渠道的缺失，其电子服务渠道建设的完整性还有待提高。

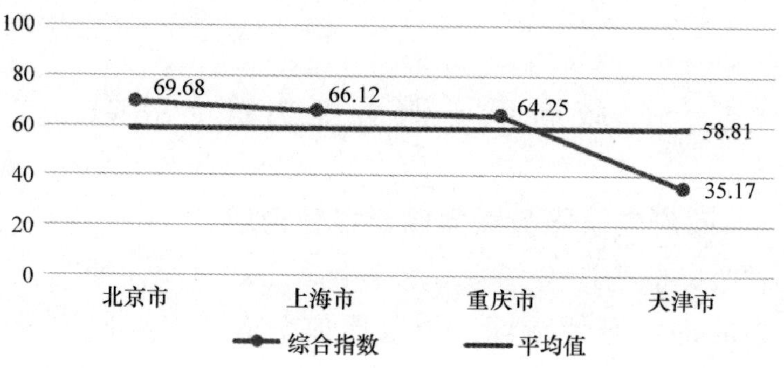

图3—1　直辖市政府电子服务能力综合指数

从政府电子服务能力综合指数的组成维度来看，4个直辖市中，北京市、上海市和重庆市各渠道的建设较为均衡。而天津市则由于APP渠道的缺失，严重影响到其电子政务服务的质量。

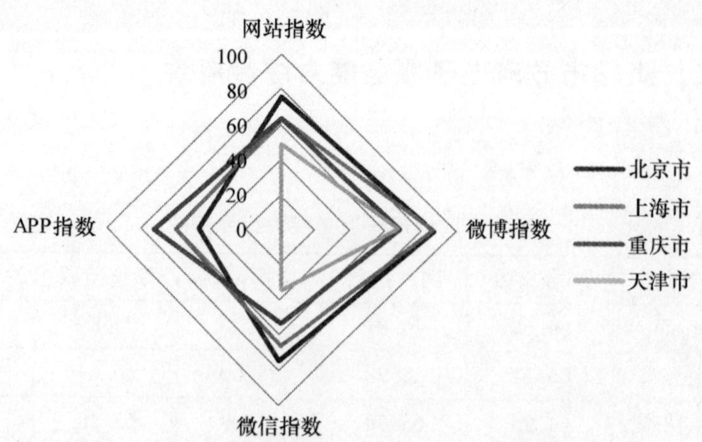

图3—2　直辖市政府渠道综合服务能力具体维度指数

(三) 省级政府电子服务能力综合指数

(1) 综合指数

表 3—2　　省级政府电子服务能力综合指数

排名	省份	综合指数	网站指数	微博指数	微信指数	APP 指数
1	贵州	64. 65	68. 02	71. 56	42. 86	73. 89
2	湖北	60. 81	62. 07	75. 62	41. 05	67. 46
3	浙江	59. 13	62. 44	73. 27	65. 49	42. 33
4	福建	57. 94	78. 33	60. 81	47. 09	36. 63
5	四川	56. 13	65. 69	82. 62	47. 37	36. 51
6	湖南	54. 69	56. 68	61. 05	59. 45	44. 91
7	甘肃	51. 77	67. 72	84. 78	63. 30	3. 72
8	山东	51. 28	65. 12	64. 07	29. 39	43. 03
9	河北	51. 02	49. 84	82. 39	43. 61	42. 90
10	内蒙古	50. 76	58. 31	70. 54	41. 80	37. 46
11	青海	50. 73	60. 09	69. 31	48. 61	30. 03
12	江苏	49. 30	55. 42	71. 41	49. 40	29. 61
13	海南	45. 98	57. 10	50. 53	32. 21	39. 15
14	广东	45. 52	68. 67	54. 71	48. 83	5. 87
15	山西	42. 47	62. 80	67. 73	0	35. 34
16	江西	41. 69	63. 31	66. 35	40. 58	0
17	吉林	40. 12	49. 21	74. 30	53. 00	0
18	新疆	39. 75	46. 78	79. 09	47. 91	3. 72
19	云南	39. 66	48. 25	75. 17	0	41. 62
20	安徽	39. 65	53. 34	67. 23	48. 03	0
21	黑龙江	37. 27	49. 67	41. 00	59. 81	0
22	河南	36. 64	41. 86	61. 92	57. 50	0
23	广西	34. 34	45. 69	40. 45	18. 76	27. 87
24	陕西	33. 27	44. 44	72. 00	31. 11	0
25	辽宁	30. 59	43. 23	59. 42	26. 85	1. 49
26	宁夏	27. 85	35. 66	56. 38	31. 18	0
27	西藏	24. 58	40. 24	66. 26	0	1. 49

（2）整体概况

在省级政府电子服务能力综合指数分布中，贵州省位列第一，湖北省、浙江省、福建省、四川省分列第2—5名。这5个省份在电子政务服务的渠道建设上均有较好的表现，其中贵州省凭借其渠道建设的便民易用，给公众带来了良好的用户体验，湖北省通过健全完善在线回复机制，做到与群众交流意见公开及时，浙江省、福建省和四川省则在微博、微信上与群众互动良好。排名靠后的省（区）在渠道建设的完整性上明显不足，难以整合多渠道服务，同时普遍缺乏重要事项的网上办理。总体而言，中国省级政府电子服务能力综合指数的均值仅为45.10，处于较低水平。全国范围内共有14个省级政府超过全国平均水平，占比超过50%。

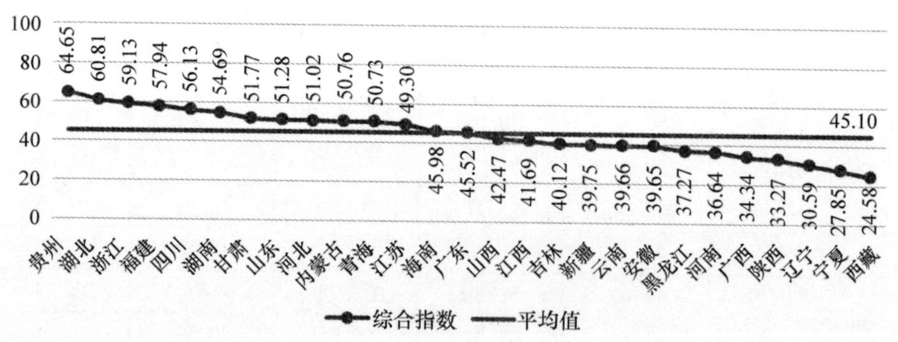

图3—3　省级政府电子服务能力综合指数

从省级政府电子服务能力综合指数的组成维度来看，贵州省、湖北省、浙江省、湖南省总体水平高，且各渠道表现较为均衡，这4个省级政府的网上政务服务工作起步较早，整体管理推进机制较为完善。从整体来看，中国大部分省级政府电子服务渠道建设水平仍不平衡，特别是微信和APP这两种新型的政务服务渠道的建设经验严重缺乏，与网站传统的渠道相比，处于弱势地位。从渠道建设的完整性来看，仍有10个省级政府存在着电子服务渠道缺失的情况。

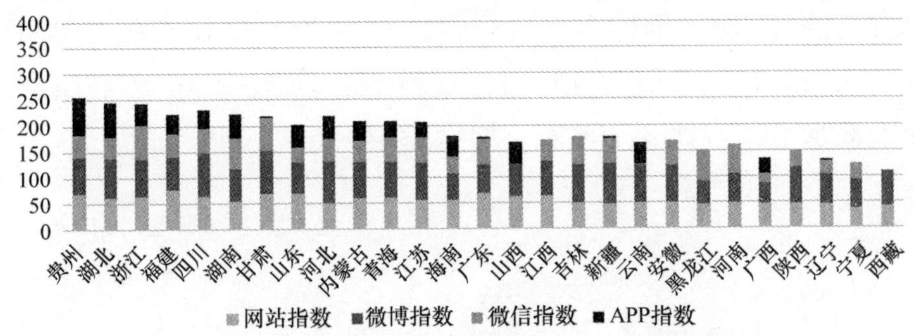

图 3—4　省级政府综合电子服务能力具体维度指数

从省级政府电子服务能力综合指数的各渠道维度平均水平来看，政务微博和政务网站的建设总体优于政务微信和政务APP。各省政务微博服务能力的指数均值为66.67，处于中等水平；网站、微信的建设水平稍逊一筹，指数均值分别为55.56和39.82，仍有很大提升空间；APP服务能力的指数均值为23.89，亟待各省的重视与提升。

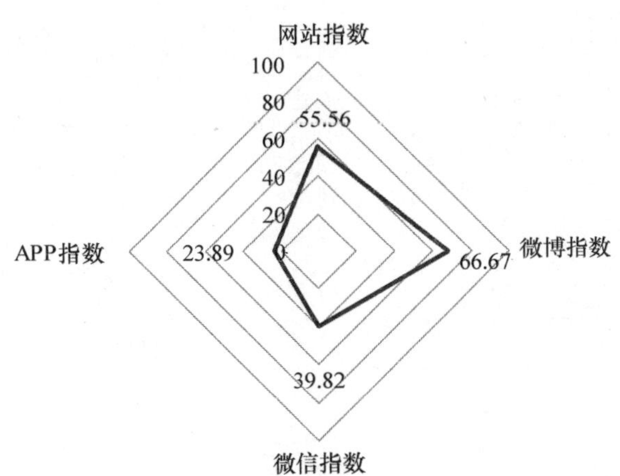

图 3—5　省级政府综合服务能力总体维度指数

从省级政府电子服务能力综合指数的区间分布来看，各省电子服务综合能力的梯次分布特征明显，整体处于较低水平。仅有贵州省和湖北省达到中等水平，占比7.41%，均值为

62.73；浙江省、福建省等15个省的综合指数处于较低水平，占比55.56%，均值为49.90；云南省、新疆等10个省（区）处于低水平，占比37.04%，均值为34.36。

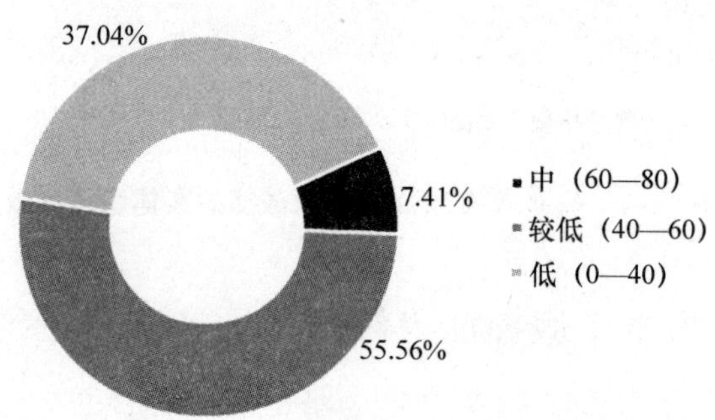

图3—6 省级政府电子服务能力综合指数区间分布

表3—3 省级政府电子服务能力综合指数区间分布

高（>80）	中（60—80）	较低（40—60）	低（0—40）	无（0）
	贵州	浙江	新疆	
	湖北	福建	云南	
		四川	安徽	
		湖南	黑龙江	
		甘肃	河南	
		山东	广西	
		河北	陕西	
		内蒙古	辽宁	
		青海	宁夏	
		江苏	西藏	
		海南		
		广东		
		山西		
		江西		
		吉林		

(四) 地级市政府电子服务能力综合指数

(1) 综合指数

表 3—4　地级市政府电子服务能力综合指数

排名	地市	指数	排名	地市	指数	排名	地市	指数
1	广州	74.15	113	成都	45.18	225	枣庄	33.02
2	中山	70.99	114	丽水	44.87	226	聊城	32.83
3	宁波	68.50	115	昭通	44.70	227	保山	32.82
4	岳阳	68.23	116	鄂州	44.49	228	巴中	32.76
5	江门	67.76	117	遂宁	44.43	229	洛阳	32.56
6	武汉	66.39	118	六盘水	44.13	230	乌兰察布	32.44
7	亳州	65.43	119	沈阳	44.10	231	陇南	32.30
8	汕头	65.28	120	莱芜	44.00	232	海东	32.19
9	河源	63.42	121	保定	43.91	233	日照	32.06
10	青岛	63.08	122	韶关	43.88	234	黄南	31.87
11	宜昌	63.05	123	绍兴	43.76	235	吕梁	31.79
12	东莞	62.14	124	汕尾	43.53	236	吉林	31.49
13	恩施	61.84	125	大理	43.46	237	白山	31.37
14	益阳	61.68	126	苏州	43.46	238	呼伦贝尔	31.28
15	西安	61.37	127	濮阳	43.29	239	金昌	31.20
16	龙岩	60.81	128	乐山	43.23	240	酒泉	31.09
17	凉山	60.34	129	常德	43.13	241	泰安	31.01
18	南京	60.24	130	北海	43.04	242	开封	30.84
19	蚌埠	60.09	131	安庆	42.56	243	石嘴山	30.20
20	福州	59.19	132	贵阳	42.47	244	永州	30.10
21	鄂尔多斯	58.78	133	厦门	42.39	245	张掖	29.93
22	三亚	58.69	134	西双版纳	42.34	246	南宁	29.83
23	湖州	58.57	135	烟台	42.27	247	赣州	29.81
24	包头	58.47	136	防城港	42.18	248	白银	29.79

续表

排名	地市	指数	排名	地市	指数	排名	地市	指数
25	德阳	58.45	137	阳江	42.12	249	平凉	29.60
26	佛山	58.16	138	眉山	42.09	250	淄博	29.50
27	衡阳	58.12	139	廊坊	42.08	251	鹤壁	29.36
28	金华	58.01	140	曲靖	42.06	252	贵港	29.34
29	淮北	57.71	141	玉溪	42.04	253	上饶	29.33
30	温州	57.70	142	景德镇	41.96	254	乌海	29.20
31	泉州	57.65	143	安康	41.77	255	西宁	29.13
32	兰州	57.62	144	临沧	41.54	256	云浮	29.10
33	泰州	57.47	145	芜湖	41.36	257	佳木斯	29.09
34	阜阳	57.43	146	遵义	41.18	258	庆阳	28.27
35	台州	56.95	147	淮安	41.13	259	滁州	28.26
36	六安	56.92	148	梧州	40.95	260	菏泽	28.10
37	海口	55.60	149	东营	40.89	261	鸡西	27.98
38	威海	55.23	150	黑河	40.56	262	塔城	27.65
39	朔州	55.12	151	随州	40.52	263	商丘	27.54
40	南昌	54.67	152	商洛	40.27	264	南阳	27.03
41	淮南	54.41	153	焦作	40.11	265	武威	26.95
42	滨州	54.34	154	黄冈	39.99	266	宝鸡	26.93
43	无锡	54.20	155	玉林	39.81	267	和田	26.74
44	清远	54.05	156	泸州	39.68	268	沧州	26.54
45	黔南	54.03	157	潍坊	39.31	269	营口	25.93
46	湛江	53.87	158	大兴安岭	39.18	270	太原	25.83
47	哈密	53.79	159	红河	39.13	271	忻州	25.81
48	昆明	53.79	160	铜仁	39.01	272	抚顺	25.65
49	哈尔滨	53.65	161	邢台	38.68	273	鞍山	25.32
50	南平	53.35	162	赤峰	38.59	274	运城	25.04
51	宿迁	53.30	163	锡林郭勒	38.51	275	绥化	24.66
52	舟山	53.10	164	昌吉	38.43	276	海南	24.54

续表

排名	地市	指数	排名	地市	指数	排名	地市	指数
53	惠州	52.95	165	衡水	38.43	277	新乡	24.49
54	吉安	52.92	166	普洱	38.37	278	博尔塔拉	24.48
55	丽江	52.81	167	南通	38.27	279	钦州	24.47
56	肇庆	52.54	168	茂名	38.12	280	巴彦淖尔	24.45
57	齐齐哈尔	52.29	169	通辽	38.07	281	四平	24.02
58	徐州	52.23	170	怒江	38.04	282	信阳	23.95
59	宣城	52.21	171	张家界	37.97	283	盘锦	23.76
60	三明	52.19	172	黔东南	37.97	284	阿勒泰	23.61
61	襄阳	52.11	173	毕节	37.95	285	海西	23.20
62	安顺	51.92	174	盐城	37.94	286	克拉玛依	22.61
63	广元	51.71	175	宁德	37.92	287	鹤岗	22.61
64	济南	51.68	176	克孜勒苏	37.89	288	巴音郭楞	22.56
65	衢州	51.66	177	荆州	37.82	289	崇左	22.25
66	儋州	50.86	178	松原	37.56	290	承德	22.21
67	铜陵	50.42	179	安阳	37.49	291	兴安	22.19
68	南充	50.39	180	延边	37.49	292	临夏	21.97
69	常州	50.19	181	咸宁	37.46	293	娄底	21.83
70	攀枝花	50.11	182	甘孜	37.31	294	丹东	21.76
71	咸阳	50.01	183	广安	37.29	295	阿拉善	21.38
72	阿克苏	49.95	184	马鞍山	37.22	296	怀化	21.24
73	汉中	49.95	185	揭阳	36.97	297	迪庆	20.81
74	呼和浩特	49.84	186	抚州	36.86	298	河池	20.71
75	扬州	49.73	187	杭州	36.79	299	漯河	20.39
76	珠海	49.67	188	银川	36.75	300	邵阳	19.63
77	德州	49.62	189	渭南	36.54	301	大庆	19.04
78	宿州	49.18	190	通化	36.50	302	许昌	19.04
79	莆田	49.14	191	大同	36.45	303	辽阳	18.97
80	深圳	49.14	192	阳泉	36.41	304	周口	18.97

续表

排名	地市	指数	排名	地市	指数	排名	地市	指数
81	萍乡	48.96	193	唐山	36.13	305	甘南	18.62
82	宜宾	48.95	194	伊春	36.12	306	阿里	18.24
83	连云港	48.94	195	九江	35.94	307	柳州	17.79
84	荆门	48.80	196	株洲	35.84	308	驻马店	17.74
85	嘉兴	48.77	197	湘潭	35.77	309	大连	17.20
86	黄山	48.30	198	黄石	35.60	310	中卫	17.00
87	孝感	48.20	199	阿坝	35.57	311	百色	16.88
88	黔西南	48.12	200	乌鲁木齐	35.40	312	天水	16.64
89	宜春	48.09	201	双鸭山	35.38	313	果洛	16.52
90	楚雄	48.00	202	张家口	35.28	314	海北	16.20
91	鹰潭	47.95	203	来宾	35.19	315	桂林	16.14
92	长沙	47.95	204	榆林	35.13	316	拉萨	15.74
93	晋城	47.34	205	铁岭	35.03	317	朝阳	15.60
94	资阳	47.25	206	固原	34.89	318	葫芦岛	15.55
95	十堰	47.21	207	潮州	34.77	319	牡丹江	15.44
96	内江	47.05	208	自贡	34.58	320	阜新	14.99
97	延安	46.87	209	秦皇岛	34.44	321	玉树	14.94
98	合肥	46.82	210	临沂	34.21	322	贺州	14.23
99	雅安	46.82	211	漳州	33.99	323	昌都	14.05
100	长治	46.66	212	绵阳	33.87	324	平顶山	13.31
101	石家庄	46.48	213	辽源	33.85	325	晋中	13.29
102	吐鲁番	46.44	214	锦州	33.84	326	喀什	12.26
103	镇江	46.30	215	德宏	33.84	327	三门峡	11.92
104	达州	46.20	216	嘉峪关	33.43	328	日喀则	11.39
105	邯郸	45.72	217	湘西	33.42	329	吴忠	10.06
106	池州	45.70	218	新余	33.35	330	林芝	9.82
107	本溪	45.67	219	白城	33.34	331	三沙	9.34
108	郴州	45.61	220	七台河	33.27	332	那曲	9.29

续表

排名	地市	指数	排名	地市	指数	排名	地市	指数
109	梅州	45.60	221	郑州	33.22	333	临汾	7.69
110	定西	45.34	222	长春	33.21			
111	文山	45.30	223	伊犁	33.11			
112	铜川	45.21	224	济宁	33.04			

(2) 整体概况

在地级市政府电子服务能力综合指数分布中，广州市位列第一，中山市、宁波市、岳阳市和江门市分列第2—5名。全国地级市综合指数的平均值为38.62，处于低水平，全国共有163个地级市的综合指数超过平均水平，占比接近一半。

从地级市政府电子服务能力综合指数的各维度平均水平来看，各渠道指数均值都低于60，其中网站和微博的服务能力处于较低水平，指数均值分别为52.98、45.25；而微信和APP的服务能力水平低，指数均值仅为31.53、20.89。

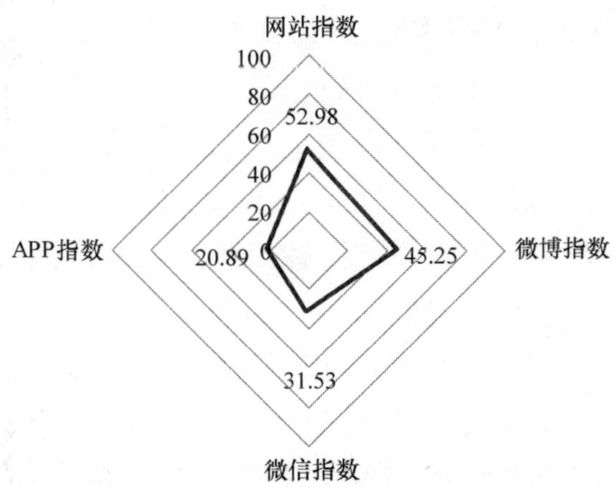

图3—7　地级市政府综合服务能力总体维度指数

从地级市政府电子服务能力综合指数的区间分布来看，19个地市的综合指数已达到中等水平，占比5.69%，指数均值为

64.46；福州市、鄂尔多斯市等134个地市的综合指数处于较低水平，占比40.12%，指数均值为48.76；黄冈市、玉林市等180个地市的综合服务能力明显滞后，占比53.89%，均值仅为28.57。由此可以看出，大部分地级市的电子政务服务渠道的建设水平仍处于（较）低水平，中高水平的地级市数量略显单薄，需要加强重视与加快落实“互联网+政务服务”的政策要求，逐步提升政府服务整体水平。

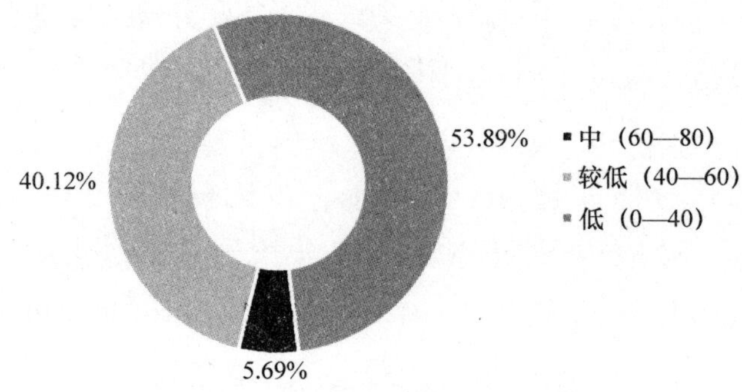

图3—8 地级市政府电子服务综合指数区间分布

（五）省级政府电子服务能力指数

省级政府电子服务能力指数，是对省级政府电子服务综合指数的补充，用以更加全面、客观地反映每个省的电子政务服务能力的高低。考虑到每个省（自治区）的电子政务服务能力的高低不仅取决于其省级服务渠道的建设情况，同时也受其下辖的地级市的服务渠道建设情况的影响。因此，综合省级与其所辖地市的服务水平，能够更全面地呈现该省电子政务服务能力。

省级政府电子服务能力指数，由省级及所辖各市的电子服务能力综合指数进行平均而得，计算公式如下：

$$EGSAI_{P_t} = (EGSAI_P + \sum_{i=1}^{n} EGSAI_{Ci})/(n+1)$$

其中，$EGSAI_{P_t}$ 为省级政府电子服务能力指数，$EGSAI_P$ 为省级政府电子服务综合指数，$EGSAI_{Ci}$ 为省辖市政府电子服务渠道综合指数，n 为省辖市个数，$i=1$，2，3，4 分别代表网站、微博、微信、APP。

（1）省级政府电子服务能力指数

表 3—5　　省级政府电子服务能力指数

排名	省份	指数	排名	省份	指数
1	浙江	53.1	15	河北	38.4
2	广东	51.5	16	内蒙古	38.0
3	福建	50.5	17	吉林	33.9
4	安徽	49.0	18	黑龙江	33.3
5	湖北	48.9	19	新疆	33.0
6	江苏	48.8	20	山西	32.8
7	贵州	46.1	21	甘肃	32.3
8	四川	45.0	22	广西	28.5
9	海南	44.1	23	河南	27.1
10	陕西	42.5	24	青海	26.6
11	江西	41.8	25	辽宁	26.3
12	山东	41.4	26	宁夏	26.1
13	云南	41.1	27	西藏	12.9
14	湖南	41.0			

注：此处总分保留一位小数，用以提高排名区分度。

（2）整体概况

在省级政府电子服务能力指数分布中，浙江省位列第一，广东省、福建省、安徽省和湖北省分列第 2—5 名，这几个省及其所辖地市的综合渠道建设相对均衡。排名靠后的省（自治区）主要集中在中西部地区和东北地区，在新媒体渠道的建设和发展上整体滞后。另外，全国各省的电子政务服务能力指数均值为 38.3，有近 2/3 的省份（15 个）高于平均水平。

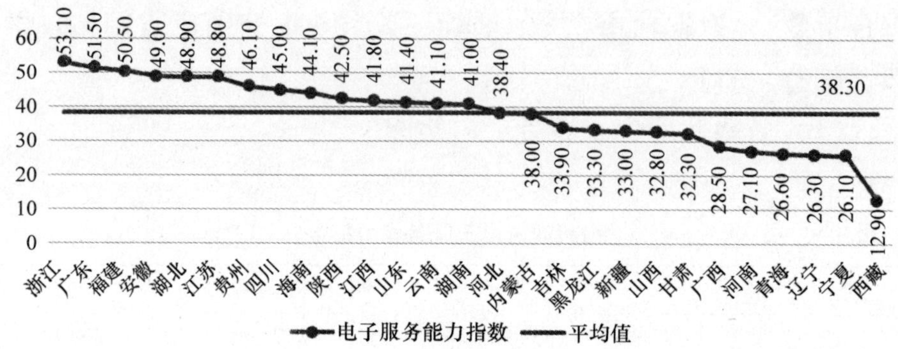

图 3—9　省级政府电子服务能力指数

二　政府电子服务能力"双微"指数

(一) 政府电子服务能力"双微"指数说明

政府电子服务能力"双微"指数是政务微博、政务微信两个渠道服务能力的综合测评指标，用以客观和全面地评价现阶段中国（港澳台地区除外）政府电子服务的"双微"建设情况。其计算公式如下：

$$EGSAI_{dw} = \sum_{i=2}^{3} \sigma_i EGSCI_i$$

其中，$EGSAI_{dw}$ 为政府电子服务能力"双微"指数，σ_i 指权重，$EGSCI_i$ 为政府电子服务能力指数，$i=2$，3 分别代表微博、微信。

(二) 直辖市政府电子服务能力"双微"指数

(1)"双微"指数

表 3—6　　直辖市政府电子服务能力"双微"指数

排名	直辖市	指数	排名	直辖市	指数
1	北京市	80. 25	3	重庆市	58. 59
2	上海市	73. 70	4	天津市	46. 55

(2) 整体概况

4个直辖市中，北京市的“双微”指数位列第一，在政务微博和政务微信的建设上成效显著。上海市和重庆市分列第二位、第三位，其中上海市的“双微”建设高于平均水平，而重庆市和天津市则未能超过平均水平。究其原因，重庆市和天津市的政务微信主要以信息发布为主，在业务办理和公众互动上无法发挥实效。

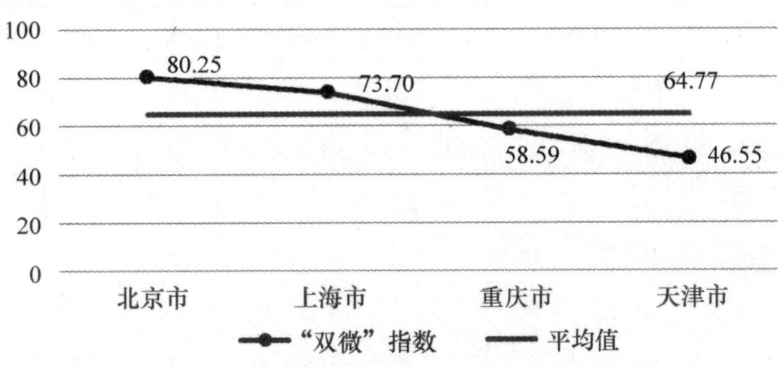

图3—10 直辖市政府电子服务能力“双微”指数

从直辖市“双微”指数的组成维度来看，北京市、上海市的“双微”建设水平较为均衡，都达到中等水平；重庆市、天津市的微博指数高于微信指数。总体看来，政务微信的建设明显落后于政务微博，微信渠道的服务功能还没有被充分挖掘。

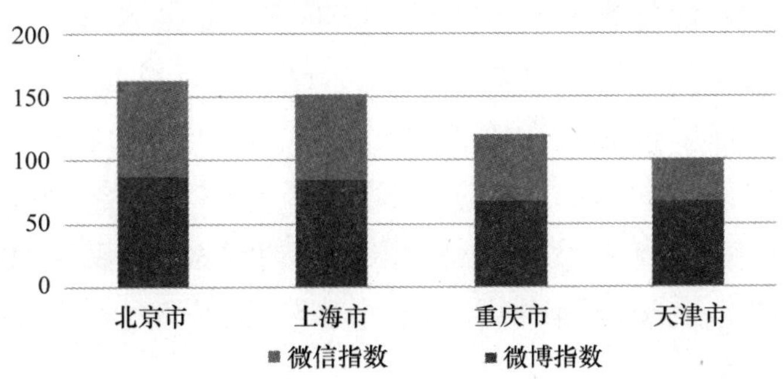

图3—11 直辖市政府“双微”服务能力具体维度指数

（三）省级政府电子服务能力“双微”指数

（1）“双微”指数

表3—7 省级政府电子服务能力“双微”指数

排名	省份	指数	排名	省份	指数	排名	省份	指数
1	甘肃	71.56	10	青海	56.57	19	陕西	46.84
2	浙江	68.48	11	安徽	55.41	20	山东	42.73
3	吉林	61.19	12	湖北	54.35	21	宁夏	40.87
4	四川	60.93	13	贵州	53.9	22	辽宁	39.38
5	湖南	60.06	14	内蒙古	52.85	23	海南	39.26
6	新疆	59.9	15	黑龙江	52.57	24	云南	28.91
7	河南	59.2	16	福建	52.37	25	广西	27.1
8	河北	58.52	17	广东	51.09	26	山西	26.05
9	江苏	57.86	18	江西	50.49	27	西藏	25.48

（2）整体概况

在省级政府电子服务“双微”指数分布中，甘肃省位列第一，浙江省、吉林省、四川省和湖南省分列第2—5名。这5个省份在“双微”渠道的建设上均有较好的表现，其中甘肃省凭借其开通“双微”渠道较早，积累的用户基数和黏性优势名列前茅。浙江省信息发布的原创率很高，充分展现了“双微”渠道的信息发布和信息公开功能，吉林省、四川省和湖南省在各方面均表现较好。排名靠后的省（自治区），仍主要将“双微”渠道作为单向信息发布的工具，事务服务与参与服务仍处于空白。总体而言，各省（自治区）的“双微”指数均值仅为50.15，处于较低水平。全国范围内共有18个省级政府超过全国平均水平，占比66.67%。

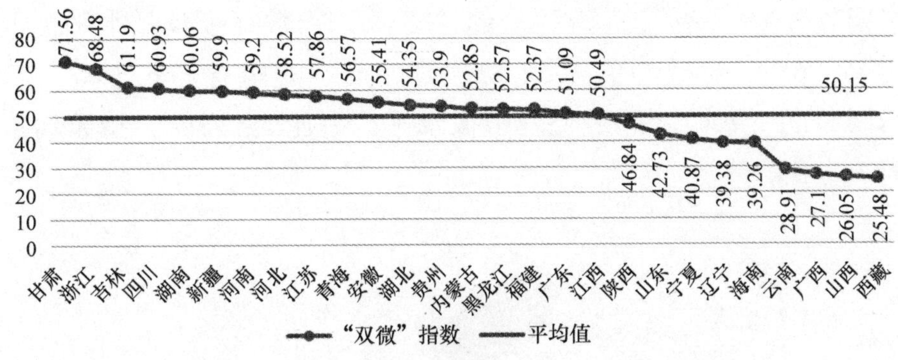

图 3—12　省级政府电子服务能力“双微”指数

从省级“双微”指数的组成维度来看，甘肃省、浙江省的“双微”指数较高，且两个单项渠道能力指数较为均衡。甘肃省的“双微”渠道建设起步较早，整体管理推进机制较为健全；浙江省虽是近几年才开始发展“双微”渠道，但其凭借较好的经济条件实现了后来居上。总体看来，各省的“双微”发展不平衡态势明显，微信的建设情况普遍弱于微博。一方面可能是由于微信平台本身限制；另一方面则可能是微信起步较晚。

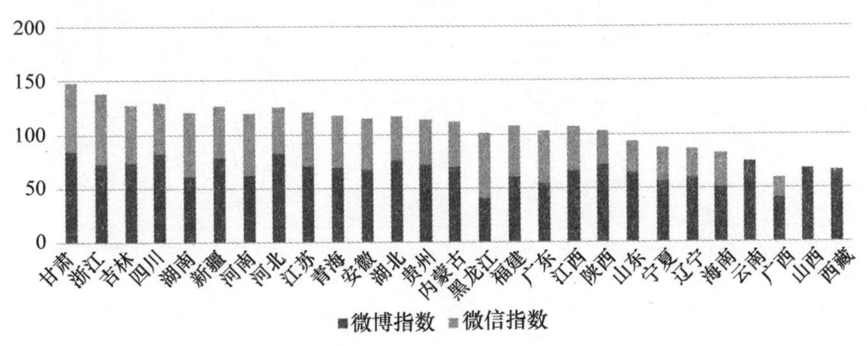

图 3—13　省级政府“双微”服务能力具体维度指数

从省级“双微”指数的区间分布来看，各省电子服务的“双微”建设水平梯次分布特征明显，整体处于较低水平。仅有甘肃省、浙江省、吉林省、四川省和湖南省的“双微”指数达到中等水平，占比 18.52%，指数均值为 64.44。新疆维吾尔自治区、河南省等16个省（自治区）的“双微”指数处于较低水平，占比59.26%，指数均值为52.85。辽宁省、海南省等6个省（自治区）的“双微”指数仍处于低水平，占比22.22%，指数均值为31.03。

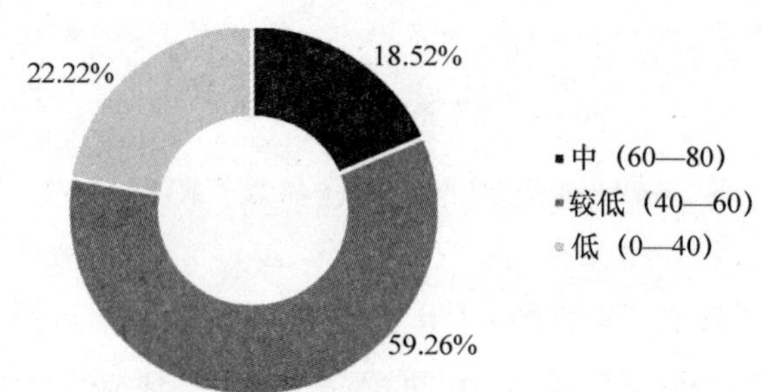

图3—14　省级政府电子服务能力“双微”指数区间分布

表3—8　　省级政府电子服务能力“双微”指数区间分布

高 >80	中 （60—80）	较低 （40—60）	低 （0—40）	无 （0）
	甘肃	新疆	辽宁	
	浙江	河南	海南	
	吉林	河北	云南	
	四川	江苏	广西	
	湖南	青海	山西	
		安徽	西藏	
		湖北		
		贵州		
		内蒙古		
		黑龙江		
		福建		
		广东		
		江西		
		陕西		
		山东		
		宁夏		

(四) 地级市政府电子服务“双微”指数

(1)“双微”指数

表 3—9 地级市政府电子服务能力“双微”指数

排名	地市	指数	排名	地市	指数	排名	地市	指数
1	广州	82.37	101	东莞	52.12	201	泉州	30.84
2	宜昌	79.59	102	泰州	52.10	202	榆林	30.83
3	汕头	77.56	103	吉林	52.06	203	德宏	30.29
4	江门	76.09	104	威海	51.96	204	庆阳	30.01
5	邯郸	74.96	105	晋城	51.95	205	苏州	29.98
6	宁波	74.36	106	咸阳	51.79	206	银川	29.80
7	中山	73.45	107	黄山	51.57	207	宝鸡	29.55
8	佛山	71.76	108	凉山	51.32	208	新余	29.17
9	六安	71.25	109	秦皇岛	50.81	209	乌鲁木齐	29.00
10	三亚	70.74	110	通化	50.72	210	鹤壁	28.83
11	清远	70.44	111	南平	50.68	211	绵阳	28.67
12	岳阳	69.73	112	阿克苏	50.32	212	承德	28.55
13	南昌	69.23	113	眉山	49.93	213	成都	28.45
14	丽水	68.98	114	辽源	49.90	214	永州	28.35
15	亳州	68.61	115	克孜勒苏	49.76	215	酒泉	28.34
16	鄂州	67.88	116	七台河	49.36	216	巴中	27.37
17	益阳	67.82	117	黔南	49.34	217	通辽	26.93
18	青岛	67.23	118	黄石	49.32	218	毕节	26.74
19	武汉	67.22	119	泸州	49.32	219	平凉	26.64
20	惠州	65.83	120	汉中	49.25	220	鸡西	26.40
21	温州	65.65	121	遂宁	49.23	221	上饶	26.20
22	蚌埠	65.29	122	合肥	49.06	222	铁岭	26.11
23	濮阳	65.24	123	保定	48.98	223	阿坝	26.07
24	梅州	65.10	124	景德镇	48.70	224	安庆	26.00

续表

排名	地市	指数	排名	地市	指数	排名	地市	指数
25	达州	64.95	125	台州	48.46	225	张掖	25.88
26	鄂尔多斯	64.40	126	荆门	48.24	226	孝感	25.80
27	阜阳	64.31	127	渭南	48.05	227	赣州	25.76
28	潍坊	64.28	128	吉安	47.95	228	新乡	25.70
29	北海	64.02	129	阳江	47.50	229	镇江	25.66
30	哈密	63.92	130	包头	47.40	230	珠海	25.63
31	深圳	63.57	131	宁德	47.39	231	张家口	25.48
32	无锡	62.72	132	攀枝花	47.15	232	盘锦	25.35
33	安康	62.60	133	邢台	47.13	233	红河	25.00
34	淮北	62.43	134	淮安	47.01	234	抚顺	24.99
35	西安	61.92	135	白城	47.00	235	四平	24.72
36	商洛	61.82	136	和田	46.79	236	玉林	24.57
37	雅安	61.74	137	伊犁	46.65	237	普洱	24.39
38	呼和浩特	61.24	138	定西	46.58	238	潮州	23.83
39	湖州	60.93	139	哈尔滨	46.57	239	临沧	23.63
40	十堰	60.87	140	锡林郭勒	46.40	240	丹东	23.59
41	萍乡	60.87	141	滨州	46.24	241	芜湖	23.37
42	河源	60.72	142	黔东南	46.05	242	莆田	23.34
43	宣城	60.68	143	烟台	45.67	243	郑州	23.20
44	长治	60.52	144	湘西	45.27	244	鹤岗	23.10
45	龙岩	60.44	145	安顺	44.75	245	金昌	22.97
46	常德	60.33	146	衢州	44.65	246	延安	22.97
47	盐城	60.12	147	楚雄	44.57	247	咸宁	22.78
48	宜宾	59.99	148	贵阳	44.28	248	文山	22.53
49	随州	59.86	149	防城港	44.23	249	克拉玛依	22.18
50	连云港	59.84	150	厦门	44.15	250	海南	21.78
51	大同	59.71	151	固原	44.06	251	菏泽	21.73
52	宿州	59.51	152	茂名	43.94	252	来宾	21.55

续表

排名	地市	指数	排名	地市	指数	排名	地市	指数
53	恩施	59.34	153	白山	43.76	253	开封	21.50
54	福州	59.20	154	池州	43.53	254	阿勒泰	21.43
55	广元	58.92	155	甘孜	43.45	255	梧州	21.41
56	吐鲁番	58.67	156	聊城	43.42	256	沧州	21.27
57	金华	58.47	157	莱芜	43.37	257	巴彦淖尔	20.85
58	乐山	58.37	158	运城	43.20	258	临夏	20.77
59	海口	58.18	159	沈阳	43.16	259	马鞍山	20.54
60	襄阳	58.09	160	嘉兴	43.07	260	大兴安岭	20.51
61	衡阳	58.03	161	海东	42.44	261	安阳	20.37
62	抚州	57.92	162	吕梁	42.29	262	忻州	20.12
63	齐齐哈尔	57.66	163	日照	42.00	263	巴音郭楞	19.69
64	内江	57.38	164	商丘	41.93	264	黄冈	19.67
65	铜陵	57.38	165	泰安	41.62	265	河池	19.58
66	南京	57.28	166	湛江	41.51	266	石嘴山	19.25
67	昭通	56.64	167	荆州	41.08	267	赤峰	19.04
68	济南	56.46	168	资阳	40.18	268	湘潭	18.60
69	长沙	56.34	169	呼伦贝尔	39.36	269	海西	18.43
70	鹰潭	56.18	170	张家界	38.13	270	营口	18.22
71	德阳	56.08	171	淄博	38.09	271	兴安	17.89
72	昆明	55.91	172	株洲	38.00	272	钦州	17.35
73	铜川	55.81	173	本溪	37.97	273	焦作	17.25
74	九江	55.58	174	乌海	37.97	274	南阳	17.19
75	常州	55.52	175	廊坊	37.94	275	太原	17.10
76	曲靖	55.25	176	西宁	37.84	276	黑河	15.75
77	枣庄	54.74	177	三明	37.54	277	武威	13.86
78	延边	54.28	178	塔城	37.33	278	伊春	13.41
79	杭州	54.28	179	陇南	37.10	279	双鸭山	13.41
80	韶关	54.17	180	铜仁	37.02	280	云浮	12.55

续表

排名	地市	指数	排名	地市	指数	排名	地市	指数
81	德州	54.14	181	广安	36.83	281	怒江	5.78
82	唐山	53.84	182	黄南	36.41	282	海北	3.76
83	兰州	53.84	183	临沂	36.36	283	信阳	3.43
84	汕尾	53.82	184	济宁	36.29	284	天水	2.66
85	松原	53.68	185	绥化	35.90	285	果洛	2.66
86	丽江	53.68	186	嘉峪关	35.67	286	喀什	1.88
87	徐州	53.57	187	自贡	35.64			
88	石家庄	53.53	188	肇庆	35.52			
89	郴州	53.40	189	白银	35.42			
90	淮南	53.39	190	西双版纳	34.63			
91	宜春	53.36	191	东营	33.87			
92	舟山	53.34	192	揭阳	33.83			
93	锦州	53.16	193	儋州	33.45			
94	昌吉	53.06	194	博尔塔拉	32.96			
95	朔州	53.02	195	洛阳	32.95			
96	六盘水	52.86	196	玉溪	32.63			
97	宿迁	52.85	197	大理	32.62			
98	黔西南	52.57	198	衡水	32.36			
99	南充	52.51	199	乌兰察布	30.99			
100	绍兴	52.42	200	佳木斯	30.84			

（2）整体概况

在地级市政府电子服务能力“双微”指数分布中，广州市位列第一，宜昌市、汕头市、江门市和邯郸市分列第2—5名。全国地级市的“双微”指数均值仅为36.81，处于低水平，全国共有181个地级城市的“双微”指数超过平均水平，占比超过50%。

从地级市“双微”指数的区间分布来看，绝大部分地级市

“双微”渠道的建设还处于较低水平，中高水平的地级市数量较少，需要重视并促进加快落实“互联网+政务服务”的政策要求，进一步提升“双微”渠道的服务水平。具体而言，仅有广州市的“双微”服务能力达到较高水平；宜昌市、汕头市等46个地市的“双微”指数处于中等水平，占比13.77%，指数均值为66.16。宜宾市、随州市等121个地市的“双微”指数处于较低水平，占比36.23%，指数均值为50.75。呼伦贝尔市、张家界市等118个地市的“双微”指数处于低水平，占比35.33%，指数均值为25.65。另外，仍有48个地市的“双微”指数为0，占比14.37%。

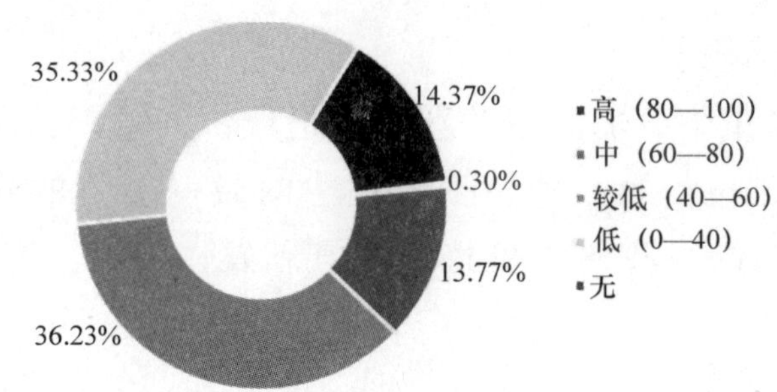

图3—15 地级市政府电子服务能力“双微”指数区间分布

三 政府电子服务能力新媒体指数

（一）政府电子服务能力新媒体指数说明

新媒体指数是政务微信、政务微博和政务APP三个渠道服务能力的综合测评指标，用以客观和全面地评价现阶段中国（港澳台地区除外）电子服务的“两微一端”建设情况。其计算公式如下：

$$EGSAI_{nm} = \sum_{i=2}^{4} \sigma_i EGSCI_i$$

其中，$EGSAI_{nm}$ 为电子服务能力新媒体指数，σ_i 指权重，

$EGSCI_i$ 为电子服务各渠道指数，$i=2，3，4$ 分别代表微博、微信、APP。

（二）直辖市政府电子服务能力新媒体指数

（1）新媒体指数

表 3—10　　　直辖市政府电子服务能力新媒体指数

排名	直辖市	指数	排名	直辖市	指数
1	上海市	67. 85	3	重庆市	64. 53
2	北京市	65. 82	4	天津市	26. 30

（2）整体概况

4 个直辖市中，上海市的新媒体指数位列第一，北京市和重庆市分列第二位、第三位，三者在“两微一端”的建设上相对均衡。天津市缺少政务 APP 影响了其新媒体指数，排名第四。

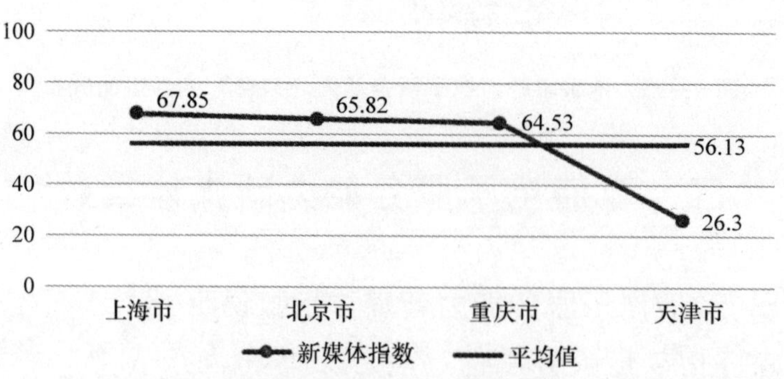

图 3—16　直辖市政府电子服务能力新媒体指数

从直辖市新媒体指数的组成维度来看，上海市、北京市、重庆市的三条新媒体渠道建设水平较为均衡，且都处于中等水平；天津市由于微信建设的相对落后以及政务 APP 的缺失，在新媒体建设上表现欠佳。

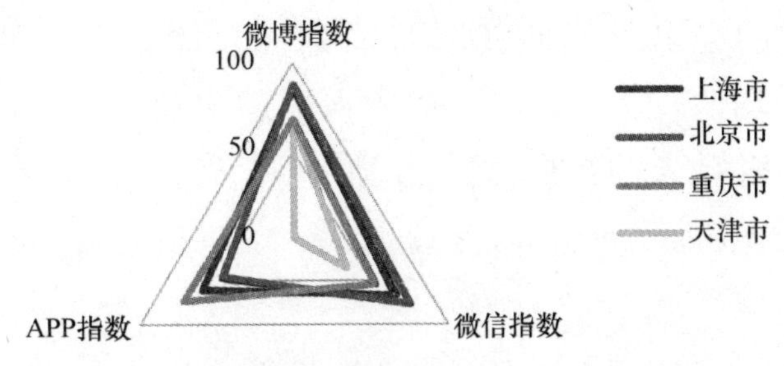

图 3—17　直辖市政府新媒体服务能力具体维度指数

(三) 省级政府电子服务能力新媒体指数

(1) 新媒体指数

表 3—11　省级政府电子服务能力新媒体指数

排名	省（区）	指数	排名	省（区）	指数	排名	省（区）	指数
1	贵州	62.58	10	青海	45.02	19	安徽	31.31
2	湖北	60.04	11	山东	42.86	20	山西	30.09
3	浙江	57.10	12	甘肃	42.06	21	黑龙江	29.71
4	湖南	53.47	13	海南	39.20	22	江西	28.53
5	河北	51.72	14	新疆	35.47	23	广西	27.43
6	四川	50.30	15	吉林	34.58	24	陕西	26.47
7	内蒙古	46.15	16	云南	34.43	25	宁夏	23.10
8	江苏	45.57	17	河南	33.46	26	辽宁	22.90
9	福建	45.52	18	广东	31.42	27	西藏	15.05

(2) 整体概况

在省级政府电子服务能力新媒体指数中，贵州省位列第一，湖北省、浙江省、湖南省和河北省分列第 2—5 名。这 5 个省份在政府电子服务的新媒体建设上均有较好的表现，其中贵州省政务 APP 拥有完善的管理机制，为公民提供了更为全面的办事信息和更为便捷的参与渠道，湖北省在信息发布、公众互动等方面都有不错建树，浙江省、湖南省和河北省在消息推送、微博互动方面的突出表现使其跻身前列。总体而言，各省“新媒体”指数的均值仅为38. 72，整体水平还比较低。全国范围内共有13个省级政府的新媒体指数超过全国平均水平，占比近50%。

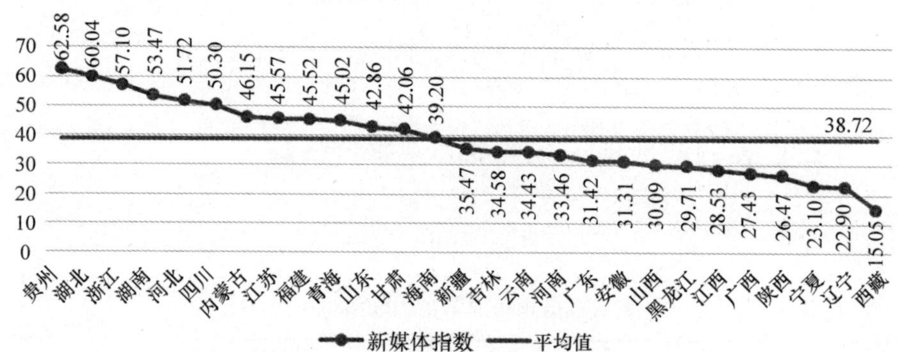

图3—18　省级政府电子服务能力新媒体指数

从省级新媒体指数的组成维度来看，仅有浙江省、湖南省、福建省的新媒体渠道的发展比较均衡，其他省（自治区）的三个新媒体渠道发展水平则参差不齐。总的来说，各省级政府政务微博建设最优，政务微信次之，政务APP垫底。另外，仍有10个省（自治区）的新媒体渠道存在缺失，其中微信渠道缺失的省（自治区）占比近70%。

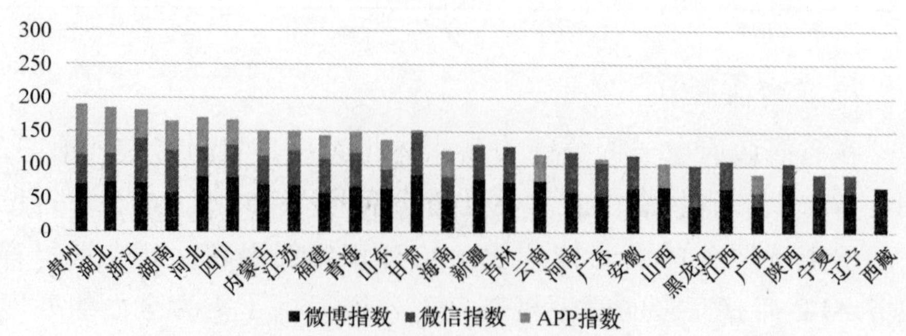

图3—19　省级政府新媒体服务能力具体维度指数

从省级新媒体指数各渠道维度的平均水平来看，政务微博的建设总体优于微信和APP。各省（自治区）微博指数均值为66.67，处于中等水平；政务微信和APP的服务水平较低，指数均值分别为39.82和23.89。

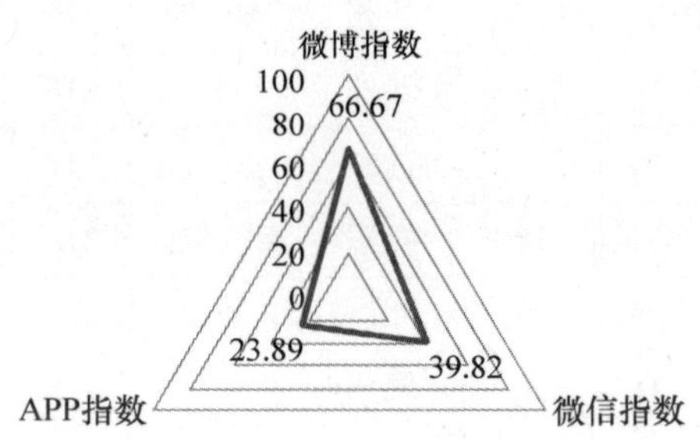

图3—20　省级政府新媒体服务能力总体维度指数

（四）地级市政府电子服务能力新媒体指数

（1）新媒体指数

表3—12　　地级市政府电子服务能力新媒体指数

排名	地市	指数	排名	地市	指数	排名	地市	指数
1	广州	74.22	101	嘉兴	39.52	201	焦作	25.35
2	宁波	73.12	102	黑河	39.20	202	贵阳	25.02
3	中山	70.84	103	南昌	39.12	203	固原	24.90
4	汕头	69.47	104	丽水	38.98	204	茂名	24.83
5	武汉	67.67	105	孝感	38.82	205	白山	24.73
6	青岛	65.73	106	三明	38.54	206	甘孜	24.55
7	西安	65.61	107	鄂州	38.36	207	聊城	24.54
8	宜昌	64.31	108	莆田	38.18	208	运城	24.41
9	恩施	63.31	109	廊坊	38.15	209	保山	24.21
10	亳州	63.16	110	成都	37.78	210	海东	23.98
11	福州	62.82	111	西双版纳	37.67	211	吕梁	23.90

续表

排名	地市	指数	排名	地市	指数	排名	地市	指数
12	南京	61.74	112	长沙	37.28	212	日照	23.73
13	三亚	61.69	113	濮阳	36.87	213	商丘	23.70
14	河源	60.44	114	梅州	36.79	214	泰安	23.52
15	益阳	60.31	115	达州	36.71	215	开封	23.33
16	岳阳	59.15	116	潍坊	36.33	216	荆州	23.21
17	丽江	58.59	117	遂宁	36.26	217	长春	23.06
18	兰州	58.26	118	资阳	36.20	218	淄博	22.96
19	佛山	58.25	119	北海	36.18	219	安阳	22.70
20	江门	58.18	120	郴州	36.16	220	双鸭山	22.70
21	凉山	57.68	121	深圳	35.92	221	呼伦贝尔	22.24
22	昆明	57.65	122	安康	35.37	222	张家界	21.55
23	六安	57.64	123	苏州	35.36	223	绥化	21.55
24	金华	57.26	124	玉溪	35.25	224	南通	21.48
25	温州	56.92	125	池州	35.04	225	株洲	21.47
26	吉安	56.53	126	伊春	34.95	226	乌海	21.45
27	泰州	56.42	127	商洛	34.94	227	西宁	21.38
28	哈尔滨	55.66	128	珠海	34.89	228	塔城	21.09
29	龙岩	55.37	129	十堰	34.40	229	陇南	20.97
30	东莞	54.65	130	萍乡	34.40	230	铜仁	20.92
31	鄂尔多斯	54.54	131	长治	34.20	231	广安	20.81
32	蚌埠	54.27	132	常德	34.09	232	黄南	20.58
33	淮北	53.97	133	东营	34.00	233	临沂	20.54
34	南充	53.70	134	盐城	33.97	234	济宁	20.50
35	哈密	53.67	135	德宏	33.93	235	嘉峪关	20.15
36	朔州	53.51	136	随州	33.83	236	自贡	20.14
37	连云港	52.80	137	大同	33.74	237	白银	20.02
38	楚雄	52.61	138	儋州	33.46	238	揭阳	19.12
39	雅安	52.54	139	乐山	32.98	239	博尔塔拉	18.62

续表

排名	地市	指数	排名	地市	指数	排名	地市	指数
40	湖州	52.38	140	安庆	32.94	240	洛阳	18.62
41	黄山	52.35	141	来宾	32.90	241	巴中	18.61
42	阜阳	52.19	142	马鞍山	32.84	242	阳泉	18.35
43	海口	52.12	143	抚州	32.73	243	营口	18.22
44	宣城	51.73	144	通辽	32.40	244	迪庆	18.10
45	呼和浩特	51.41	145	镇江	32.18	245	漳州	17.85
46	台州	50.76	146	玉林	32.04	246	乌兰察布	17.51
47	无锡	50.57	147	黄冈	32.03	247	滁州	17.43
48	宿州	50.45	148	普洱	31.88	248	佳木斯	17.43
49	济南	50.25	149	铜川	31.54	249	庆阳	16.96
50	荆门	50.03	150	怒江	31.52	250	宝鸡	16.70
51	铜陵	49.80	151	银川	31.44	251	新余	16.48
52	广元	49.35	152	九江	31.41	252	鹤壁	16.29
53	曲靖	49.32	153	榆林	31.36	253	绵阳	16.20
54	昭通	48.81	154	阿坝	31.16	254	承德	16.13
55	齐齐哈尔	48.76	155	枣庄	30.94	255	永州	16.02
56	襄阳	48.46	156	红河	30.93	256	酒泉	16.02
57	黔南	48.20	157	延边	30.67	257	毕节	15.11
58	汉中	47.97	158	杭州	30.67	258	鞍山	15.07
59	包头	47.88	159	韶关	30.61	259	平凉	15.05
60	吐鲁番	47.81	160	唐山	30.42	260	那曲	14.94
61	鹰潭	47.74	161	汕尾	30.41	261	鸡西	14.92
62	德州	47.52	162	松原	30.34	262	南宁	14.92
63	攀枝花	47.18	163	石家庄	30.25	263	上饶	14.81
64	本溪	47.02	164	锦州	30.04	264	张掖	14.62
65	威海	46.80	165	昌吉	29.99	265	赣州	14.56
66	德阳	46.78	166	六盘水	29.87	266	新乡	14.52
67	沈阳	46.71	167	张家口	29.80	267	盘锦	14.33

续表

排名	地市	指数	排名	地市	指数	排名	地市	指数
68	衡阳	46.68	168	黔西南	29.71	268	抚顺	14.12
69	咸阳	46.40	169	绍兴	29.62	269	四平	13.97
70	宜宾	46.37	170	吉林	29.42	270	潮州	13.46
71	舟山	46.24	171	秦皇岛	28.71	271	丹东	13.33
72	湛江	45.82	172	遵义	28.71	272	克拉玛依	13.18
73	内江	45.76	173	通化	28.66	273	郑州	13.11
74	宿迁	45.73	174	扬州	28.45	274	鹤岗	13.06
75	大理	45.25	175	衡水	28.43	275	金昌	12.98
76	宜春	45.23	176	眉山	28.21	276	咸宁	12.87
77	常州	45.08	177	辽源	28.20	277	贵港	12.79
78	南平	44.87	178	乌鲁木齐	28.16	278	海南	12.31
79	淮南	44.74	179	克孜勒苏	28.12	279	菏泽	12.28
80	莱芜	44.30	180	七台河	27.89	280	阿勒泰	12.11
81	肇庆	44.02	181	黄石	27.87	281	沧州	12.02
82	保定	43.45	182	泸州	27.87	282	巴彦淖尔	11.79
83	惠州	43.44	183	延安	27.85	283	临夏	11.74
84	徐州	43.20	184	赤峰	27.77	284	河池	11.71
85	安顺	43.03	185	合肥	27.72	285	忻州	11.37
86	晋城	42.85	186	景德镇	27.52	286	巴音郭楞	11.12
87	衢州	42.48	187	宁德	27.43	287	湘潭	10.51
88	邯郸	42.36	188	渭南	27.15	288	钦州	10.45
89	临沧	42.22	189	石嘴山	27.00	289	海西	10.41
90	烟台	41.99	190	阳江	26.84	290	兴安	10.11
91	防城港	41.65	191	梧州	26.67	291	南阳	9.71
92	文山	41.60	192	邢台	26.64	292	太原	9.66
93	滨州	41.52	193	白城	26.56	293	武威	7.84
94	泉州	41.24	194	和田	26.44	294	云浮	7.09
95	阿克苏	41.18	195	伊犁	26.36	295	海北	2.13

续表

排名	地市	指数	排名	地市	指数	排名	地市	指数
96	淮安	40. 76	196	锡林郭勒	26. 22	296	信阳	1. 94
97	厦门	40. 63	197	黔东南	26. 02	297	天水	1. 50
98	大兴安岭	40. 18	198	芜湖	26. 01	298	果洛	1. 50
99	定西	39. 92	199	湘西	25. 58	299	喀什	1. 06
100	清远	39. 80	200	铁岭	25. 55	300	崇左	0. 65

（2）整体概况

在地级市新媒体指数分布中，广州市位列第一，宁波市、中山市、汕头市和武汉市分列第2—5名。全国地级市新媒体指数的均值为29. 88，整体水平较低，共有165个地级市的新媒体指数超过平均水平，占比接近50%。

从地级市新媒体指数的区间分布来看，广州市、宁波市等15个地市的新媒体服务能力达到中等水平，占比4. 49%，指数均值为65. 63；岳阳市、丽江市等83个地市的新媒体服务能力处于较低水平，占比24. 85%，指数均值为49. 04；定西市、清远市等202个地市的新媒体服务能力水平低，占比60. 48%，指数均值为24. 38；另外，仍有34个地市由于渠道建设缺失尚无新媒体服务，占比10. 18%。

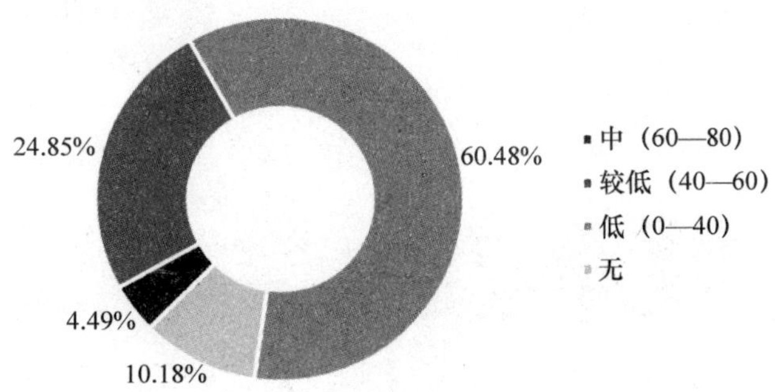

图3—21　地级市政府电子服务能力新媒体指数区间分布

第四章　政府电子服务能力指数区域分布

一　政府电子服务能力指数区域分布

中国（港澳台地区除外）通常划分为七大地理区域——华东地区、华南地区、华北地区、华中地区、东北地区、西南地区及西北地区。区域综合指数是计算七大地理区域所辖各省级政府电子服务能力综合指数均值而得到的区域综合测评指标。

二　政府电子服务能力综合指数区域分布

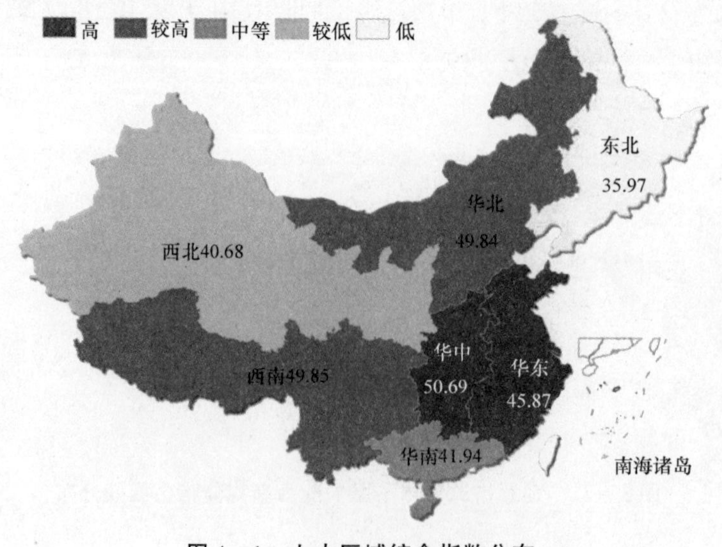

图4—1　七大区域综合指数分布

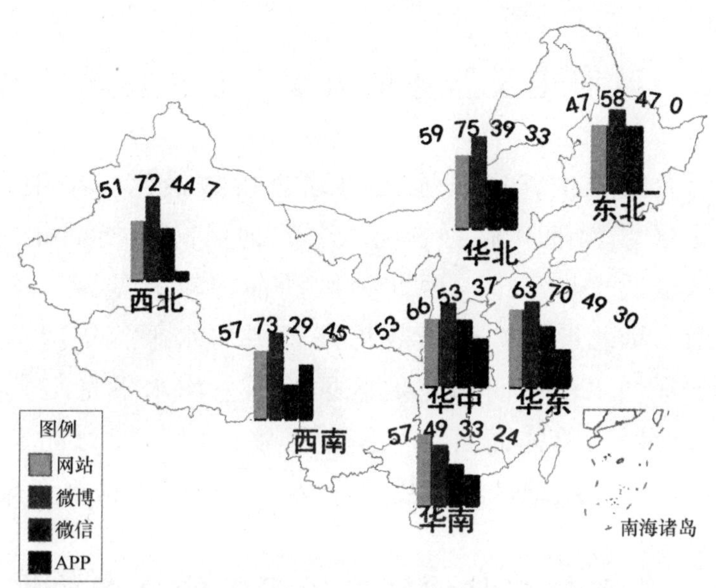

图 4—2　七大区域网站、微博、微信、APP 服务能力指数一览

注：保留整数。

在七大区域中，华东、华中、西南地区的综合指数名列前三位。这三个区域在网站、微博服务能力上均有良好表现，西南地区在政务微信服务能力上与华东、华中地区有一定差距。西北、东北地区的综合指数分列第六位、第七位，政务 APP 服务能力水平明显不足。总体而言，东南沿海地区的电子政务服务能力整体优于中西部地区，能够把握各个渠道的特点，开展全方位多元化的政务服务。

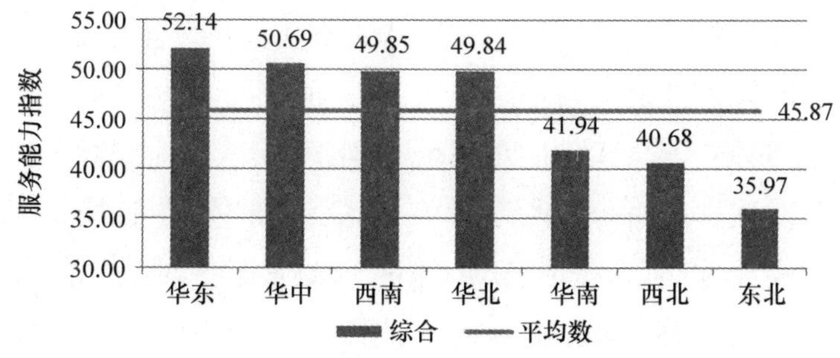

图 4—3　七大区域综合指数分布图

三 政府电子服务能力综合指数区域差异

在七大区域中，华东地区的综合指数最高，华中、西南、华北三个区域紧随其后；华南、西北地区综合指数相对较低，东北地区最低，与华南、西北地区尚存在较大差距。华东、华中、西南、华北地区综合指数均高于平均水平，华南、西北地区略低于平均水平，而东北地区远低于平均水平且与其他地区存在较大差距。总体而言，东南地区整体服务能力优于西北地区，这可能与东南地区经济更为发达、人口更为密集有关。

四 华东与东北地区电子服务能力指数比较

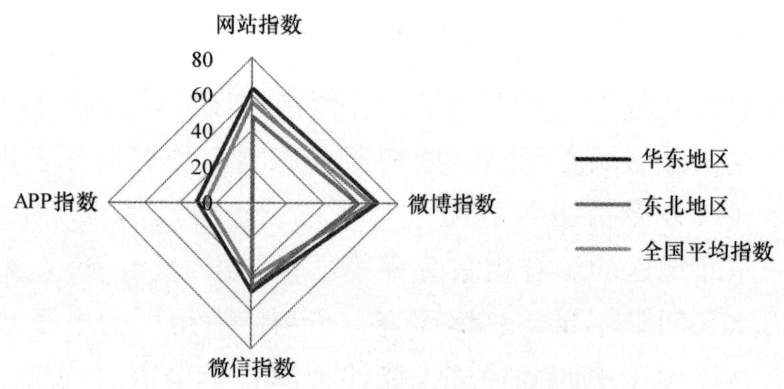

图 4—4 华东与东北各渠道区域指数比较图

在七大区域中，排名第一的华东地区的综合指数为 52，而排名第七的东北地区综合指数为 36，通过比较发现区域之间电子服务能力差异较大，出现高低分化现象。比较两个地区的渠道指数，发现华东和东北地区在微信服务能力上均表现突出，其指数均高于平均水平；东北地区网站和微博服务能力略低于平均水平，与华东地区有一定的差距；东北地区 APP 服务尚未起步，政务 APP 指数不足 0.5，对其综合指数产生了明显影响。

第五章　政府电子服务最佳实践

一　政府电子服务最佳实践说明

在政府电子服务领域，随着科技发展，社会公众日益增长的服务需求与实际供给数量不足、质量不高的矛盾逐渐显现，各省市服务供给能力差距逐渐拉大。如何缩小各地区差距，保障不同地区、行业、阶层、群体的利益，是目前电子政务服务持续发展所要解决的首要问题。本团队选取了政府电子服务能力水平较高的几个优秀案例，希望对各省市政府电子服务建设起到一些启发性的作用。

本团队在政务网站、政务微博、政务微信和政务APP渠道中各选取一个代表作为最佳实践，分别是“中国福建网”（网站）、“北京发布”（微博）、“首都之窗”（微信）和“云南通”（APP）。

这里的最佳实践主要选取渠道指数排名最高的省份或直辖市，其中考虑到实践案例的可借鉴性和持续发展性，APP最佳实践选取了排名第七的云南省。

二　政务网站最佳实践

福建省在省级政府政务网站服务能力指数分布中排名第一，其官方网站“中国福建网”在信息服务能力、事务服务能力、参与服务能力、服务提供能力和服务创新能力等方面均有出色表现。在信息服务能力方面，中国福建网的机构职能介绍完整、清晰，信息发布权威、时效性高，基本满足市民对信息互通互联、资源共享的需求。

图 5—1 中国福建网首页

图 5—2 中国福建网办事大厅

中国福建网的服务提供能力十分突出，首页导航栏嵌有专项的服务板块，服务板块门类清晰，分为部门服务、个人服务和企业服务等部分，其服务门类齐全、流程清晰、办事效率高。

在参与服务能力方面，中国福建网领跑全国，其在政企互动和市民参与上都有出色表现。在首页右栏的显眼位置嵌有政企互动直通车，允许企业登录后直接向省长反映问题、提出建议、表达诉求。

图5—3 中国福建网政民互动界面

在网站首页设有"问政"专栏，便于市民与政府互动交流。问政专栏有省长信箱、网上信访、"12345"平台和效能投诉等功能，市民可以通过多种方式表达自己的诉求和建议。问政专栏集成了网上调查和意见征集板块，政府可以通过发布调查问卷和意见征集来征集群众建议，群众也可以通过这些形式来参与政府管理与政府监督。

三　政务微博最佳实践

北京市在直辖市政府政务微博服务能力指数分布中排名第一，其政务微博“北京发布”在服务提供能力、微博影响力、信息服务能力和服务创新能力等方面均发挥出色。

在微博影响力方面，北京发布开通时间较早、影响力较大，于2011年11月17日正式上线，已经拥有810万粉丝。

在信息服务能力方面，北京发布所发布的信息可以分为政务信息、生活资讯、新闻资讯、宣传教育四大类，具有实用便民的特点，多属于与市民生活息息相关的内容，如环境治理、胡同改造和登记制度改革等。

在服务提供能力方面，生活服务类信息是其一大特点。北京发布不仅向市民提供天气状况、气温和交通状况等公众资讯，而且向市民提供生活学习上的小贴士，如Excel技巧、职场小技能和社交小技能，内容十分实用。

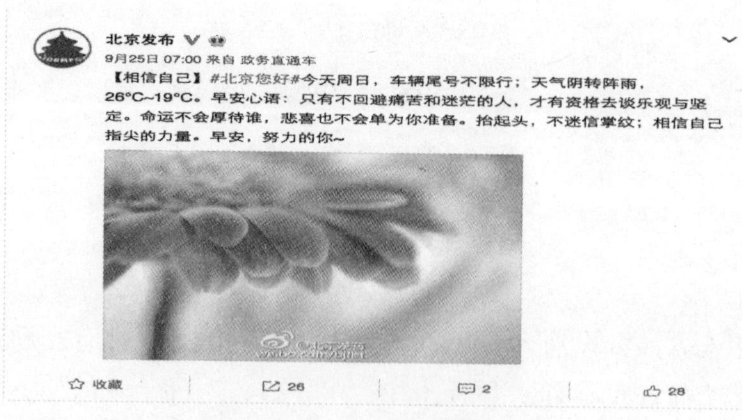

图5—4　北京发布信息服务

四　政务微信最佳实践

北京市在直辖市政府政务微信服务能力指数分布中排名第一，其政务微信“首都之窗”在信息服务能力、事务服务能力、参与服务能力、服务提供能力方面均表现突出。

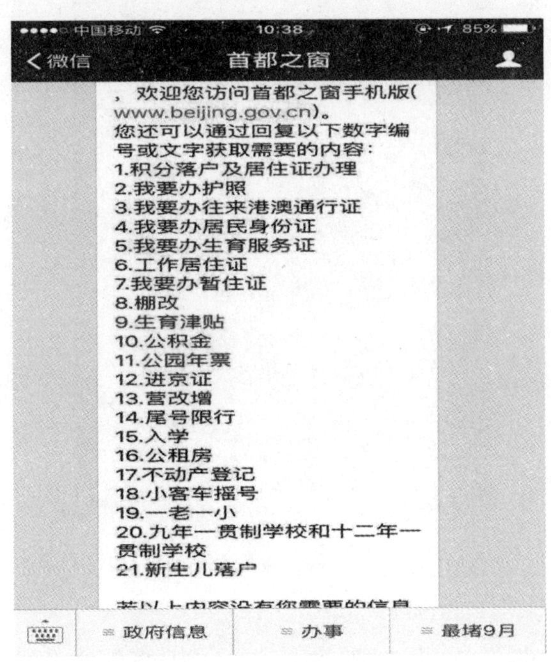

图 5—5　“首都之窗”界面

“首都之窗”微信公众号在信息服务建设上成效显著，一经推出便提供了“积分落户及居住证办理”“我要办护照”“公园年票”等 21 种市民日常所需的公共信息。在菜单栏的政府信息板块，“首都之窗”提供了微公开、微解读、微回应等详细了解政府部门信息的窗口，同时提供了市民申请政府信息公开的流程，市民可以全方位地获取所需资源。

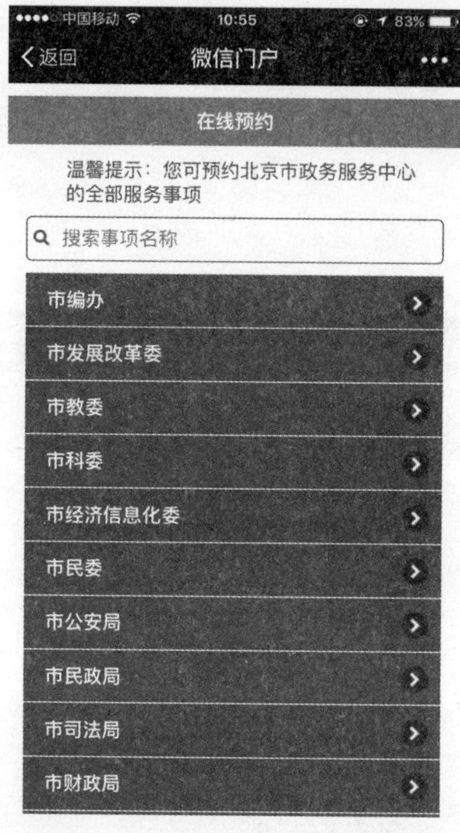

图 5—6 “首都之窗”在线预约界面

“首都之窗”在事务服务能力上也十分突出，不仅提供北京市政务服务中心全部服务事项的办事指南，可以在线预约全部服务事项并查询办理进度，而且市民基本可以实现服务事项的全程办理。另外还设有投诉、建议栏目，市民在办事过程中有什么问题和意见能够及时得到解决。

在服务提供能力方面，其快捷菜单栏的“最堵九月”板块，依据当前月份的拥堵状况，设置了出行提示、避堵攻略和实时路况等服务，市民可以通过公众号所提供的实时路况调整自己的行程和路线。这项服务改善了市民的出行效率，同时也改善了城市交通。

图 5—7 “首都之窗”发布实时路况

五 政务 APP 最佳实践

云南省在省级政府政务 APP 服务能力指数分布中排名第七，其官方 APP “云南通” 包括 146 个党政客户端，覆盖云南省所有州市、县市区，是由党委政府自主掌握可发布地方政务信息和新华社权威内容的全省移动终端门户。“云南通” 集成的一系列政务 APP 采用了统一的模式和风格，规范性强。

虽然 “云南通” 自身的 APP 服务能力指数仅处于中上水平，但是 “云南通” 所辖的（州）市政务 APP 服务能力指数相对较高，选取 “云南通” 作为最佳政务 APP 实践，可以对地市 APP 服务质量参差不齐的省份起到模范借鉴作用。

“云南通” 包括 1 个省级总端，16 个（州）市客户端，可以通过 GPS 精准定位到全省 129 个县市区，各客户端之间可以一键切换，只要一个 APP 就可以满足公民对云南省政务服务的所有需求。

图 5—8 “云南通”—云南省

图 5—9 “云南通”—普洱市

在服务提供能力方面，通过“云南通”的便民服务窗口，可以快速了解政务信息，完成订票、缴费、挂号、查询等操作。

图 5—10 “云南通”—屏边县

图 5—11 “云南通”—便民服务窗口

但“云南通”还存在覆盖面不够广、反馈能力较弱、事务服务能力不足以及参与服务渠道不完善等问题，总体来说实用性不够强，这也是不少省市政务 APP 存在的共同问题。

第六章　省市级政府电子服务能力现状、问题与对策

一　中国政府电子服务能力现状

中国政府信息化历经20多年的发展，取得了巨大的成绩，异地办理身份证、医保服务、养老金发放等一批公众特别关心的业务逐步实现了电子化。根据联合国2016年的调查报告，中国的在线服务指数（OSI）为0.7681，在193个成员国中首次进入32个高水平行列（OSI>0.75），排名第31位。但我们调查发现还有很多公众没有用过政府的电子服务，还常常抱怨“政府的电子服务何时能像电子商务一样好用?”它体现了社会对政府电子服务的预期，亟待政府提供更好用的电子政务服务。带着这个问题，我们对中国部委、省、地级市政务网站（政务服务平台）、政务微博、政务微信、政务APP四个渠道的服务能力进行了测评，从社会公众用户的体验上给中国各级政府电子服务能力做一个素描。

调查数据表明，政务网站服务能力指数相对较高（均值56.3），部委、省市间水平相对平衡；政务微博服务能力指数也相对较高（均值56.5），但部委、省市间差距较大；政务微信（均值47）发展迅速，直辖市（均值58）与地级市（均值62）已形成较高的服务能力；政务APP的应用起步较晚，能力指数偏低（均值27.3），但功能全面，在提供移动服务方面潜力

很大。

目前中国政府电子服务具体呈现出“入口多、渠道多、栏目多，协办少、联办少、通办少”；“信息服务强，办事服务弱；网站服务强，手机服务弱；传播推广强，亲民易用弱”等特征。访问政府服务的电子化入口很多，能见度高了，但也增加了公众入口选择上的复杂度。加上不同渠道，如“两微一端”，栏目众多，设计上缺少统筹规划，亲民易用方面体验差。在业务办理上，多部门协办、联办少，也导致大多服务事项不能通办，有了一两次不好的体验，公众更乐意选择线下、实体大厅办事，电子服务效能无法发挥。网站服务比较强，信息服务的量很大，公众的体验是移动服务较弱，不符合用户访问习惯，信息过载严重，“要的信息找不到，不要的信息满屏跑”。

表6—1　　各级政府电子服务能力指数统计简表

能力指数 / 行政区划	单项能力指数				复合能力指数			
	政务网站	政务微博	政务微信	政务APP	综合能力	“双微”指数	新媒体	创新能力
部委（64个）	53	38	28	19	36	26	26	30
直辖市（4个）	63	76	58	45	59	65	56	57
省（27个）	56	67	40	24	45	50	39	49.5
地市（334个）	53	45	62	21	39	37	30	39.5
均值	56.3	56.5	47	27.3	44.8	44.5	37.8	44

表6—2　　各省电子政务服务能力指数

排名	省级	总分	排名	省级	总分	排名	省级	总分
1	浙江	53.1	10	陕西	42.5	19	新疆	33
2	广东	51.5	11	江西	41.8	20	山西	32.8
3	福建	50.5	12	山东	41.4	21	甘肃	32.3
4	安徽	49	13	云南	41.1	22	广西	28.5

续表

排名	省级	总分	排名	省级	总分	排名	省级	总分
5	湖北	48.9	14	湖南	41	23	河南	27.1
6	江苏	48.8	15	河北	38.4	24	青海	26.6
7	贵州	46.1	16	内蒙古	38	25	辽宁	26.3
8	四川	45	17	吉林	33.9	26	宁夏	26.1
9	海南	44.1	18	黑龙江	33.3	27	西藏	12.9

二　中国政府电子服务能力的主要问题与建议

(一) 四渠道综合服务能力均值在60分以下

与国际领先的电子商务、电子政务服务水平相比，中国政府的电子服务能力还在60分（满分100分）以下（见表6—1、表6—2）。港、澳、台地区除外，27个省综合省及所辖地市的总体服务能力指数最高53.1分，均值38分，最低12.9分。4个直辖市中，北京市、上海市和重庆市综合能力指数相对领先，天津市落后较多。在334个地级市中，广州市、中山市等19个地级市综合能力指数在60分以上，其余315个均在及格线以下。64个部委中，除民航局、国税总局、国家发改委综合能力指数在60分以上，其他均不及格（见附录4）。看到数据后我们随访了一些企业和公众，大家的体验和感受也与分数相符合。

对策建议：(1) 着重加大政府电子服务的通办度，把资源投入到老百姓特别关心的事项上，比如身份证、医保、社保、个税等便民事项，工商执照、纳税、聘任等便企事项的联办通办，提升全流程网上办理的深度，切实解决公众、企业办事难的诉求。(2) 加强各服务渠道整合，提倡渠道间的差异化发展，微博扩散能力强，微信社交能力强，APP业务能力、移动性、灵活性强，取长补短，各尽所能，一口登录，全程联办。

（3）用好用户评价数据，迭代改进服务渠道、服务流程、服务产出，让公众、企业爱上“政府电子服务”。特别是对广大企业而言，通过使用电子服务可以大大降低制度性交易成本。

（二）服务内容、方式不能随需应变，创新力不够

社会需求随着经济、技术、习惯的发展而不断变化，要求电子服务应具备相应的随需应变能力。从部委到省到地市，电子服务渠道存在“信息过载，更新慢”“服务事项多，与社会需求不匹配”“参政议政不畅，避重就轻”等问题，难以跟上社会需求演变的趋势。提供的信息内容、办事服务呈现“‘量’上过度服务”，“‘质’上能力不足”。

对策建议：（1）重视用户访问行为数据的利用，掌握用户在服务渠道、服务流程上的使用模式，及时进行优化改进。（2）随网站、“两微一端”用户的需求变化，包括用户年龄、职业、收入、地域上的分布，新政策、节假日、季节等变化对热点事项的影响规律，改善政务服务的精准度。（3）用好社会舆情数据，感知社会对政务服务需求及新技术的变化、认知与吸纳程度，引入众创、众包机制，提前感知、灵敏应对、社会化服务。

（三）政府电子服务能力发展不均衡

呈现能力、渠道、区域“三个不均衡”的特征。一是部委及各省、地市之间服务能力水平高低差距大。综合服务能力指数最高与最低分差均超过40分，地市间最大分差为66分。二是新媒体渠道服务能力不均衡。“两微一端”三个新媒体渠道服务能力指数中，分差分别为38、34、26，特别是省级政府政务APP服务能力指数很低。值得一提的是，甘肃省、贵州省两省分别在“双微指数”“新媒体指数”上表现突出，高居27个省之首；北京市、广州市分别在“双微指数”和“新媒体指数”上高居直辖市和地级市之首。三是七大区域服务能力水平差别

较大（如图 6—1 所示）。属于第一梯队的华东、华中地区，与属于第三梯队的华南、西北地区能力指数均值相差 10 分，与属于第四梯队的东北地区相差 16 分。其中广西拉低了华南地区的得分，西藏拉低了西南地区的得分，辽宁拉低了东北地区的得分。以上这些方面的不均衡，都会影响到公共服务均等化目标的快速、优质实现。

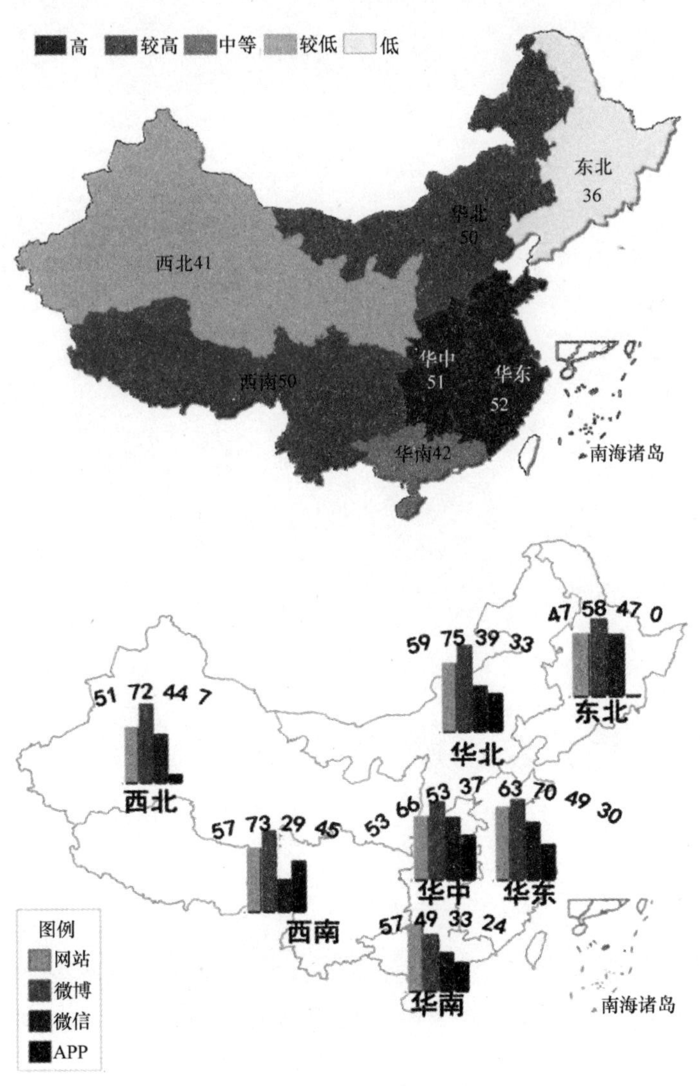

图 6—1　政府电子服务能力区域分布

对策建议：（1）“互联网+政务服务”能力管理工作刻不容缓，由外而内推动政府电子服务的能力管理。（2）制定政府电子服务能力标准和规范，让每个服务主体都清楚知道自身的服务能力水平，也知道提升与发展的目标，差距可查、有章可循，协同推动治理能力现代化进程。

第七章　问题与反馈

一　测评过程说明

报告测评过程流程如图 7—1 所示：

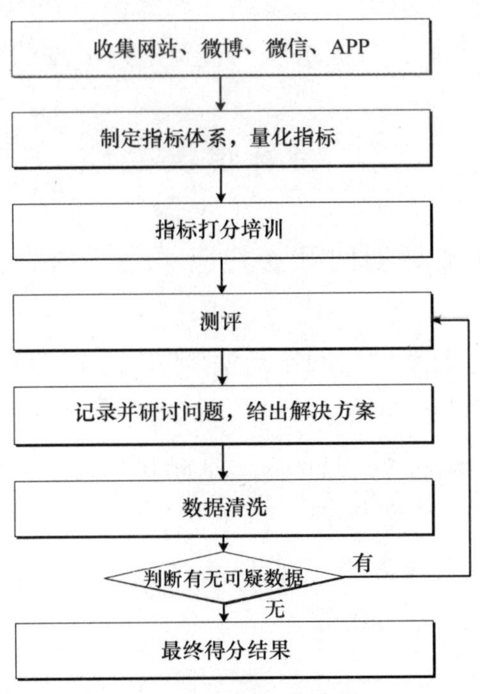

图 7—1　测评过程流程

测评过程可概括为：

（1）数据收集。工作团队收集并记录各目标政府的官方网站网址、官方微博账号、官方微信公众号和官方 APP 下载途径。

（2）指标体系的建立。团队研讨制定出评价指标体系，并将所有指标量化处理。

（3）测评原则贯彻与技巧培训。团队进行指标评分统一培训，使成员在正式测评之前，熟练掌握评分原则和技巧，最大限度降低个体给分差异。

（4）全面测评。团队根据记录的各政府门户网站网址、官方微博账号、官方微信公众号和官方 APP 下载途径，正式进行测评。

（5）记录测评问题。成员记录反馈测评所遇到的问题，共同商讨以制定出解决方案。

（6）数据清洗。全面测评后，依据原测者重测为主、组长重测为辅的原则对可疑数据进行重测，使数据得到严格清洗，如此反复进行可疑数据重测和数据清洗，直至最终清洗的数据符合要求。

二　特殊情况处理

（1）样本在测评期间开通相应渠道，均需更新相关信息，予以测评。

（2）依据已有给分原则无法判定评分即遇“特殊情况”时，及时告知团队负责人，补充新标准统一解决此类问题。

（3）对于数据可疑的样本，原测试人应给予重测，仍有疑点，数据清洗小组负责核查。

（4）缺乏相应政务渠道或缺乏部分测评内容，则统一将该项服务指数或指标记为 0 分。

三　局限与不足

（1）评测时间具有先后性

本次测评历时两个月，不同渠道、不同政府测评时间存在先后，即存在时间差，而信息服务能力相关指标敏感度强、精确性高，以至于不同时间节点评分可能有所差异，测评结果受到一定影响。

（2）成员评分尺度具有差异性

由于待测评样本数量庞大，为保证进度需要，需要团队成员单独针对某一研究对象进行测评，虽然贯彻了测评原则并统一了测评给分尺度，但成员间认知层面不同，给分尺度难以保证完全一致，特别是对部分指标存在感性认识。例如政府网站测评，参与服务能力维度的“参与反馈”指标是根据“省长信箱”和“市长信箱”的反馈结果来给分，各成员对反馈结果认知并非完全相同，给分可能存在差异。

（3）参照标准具有局限性

测评过程中，部分测评指标难以全面衡量，我们选定了参照标准作为评分依据，这具有一定的随机性，会影响该项指标评比结果。例如政府网站测评，其事务服务能力维度下“公众（个人）办事”指标，约定以“婚姻登记”为例，如果将“婚姻登记”改为“护照办理”时，该项指标评分可能会变动，其随机性影响了最终结果。

（4）测评工具具有差异性

团队使用电脑测评官方网站、官方微博，使用手机测评官方微信公众号和官方 APP。而成员所使用的电脑和手机的型号、操作系统未必相同，性能也存在差异。例如在政务 APP 测评中，对于服务提供能力的“稳定可靠”指标，规定根据使用过程中出现的闪退或卡顿等异常情况来打分，部分成员测评出现这种异常情况，可能是使用的手机性能不佳等因素所致，不能完全归咎于政务 APP 渠道服务能力不足。

附录1　工作思路问答

1. 为什么要开展中国电子政务服务测评工作？

答：一方面，随着电子商务、新媒体应用的普及，公众同样希望政府服务能够电子化、网络化。李克强总理说："要加快推进'互联网+政务服务'，也就是要大力推行政务事项网上办理，做到'应上尽上，全程办理'，从而降低制度性交易成本。"在这样的背景下，各级政府也都在努力推动这项工作。

另一方面，根据赛迪顾问（CCID）的统计，2016年中国电子政务市场规模达2568亿元，后面还将以15%以上的速度快速增长。面对如此庞大的投资规模，都想知道：现阶段中国各级政府的电子政务服务能力到底如何？是否能够满足公众的各项需求？

因此，我们开展这项工作主要有三个目的：一是测量一下这些年建设下来中国各级政府电子服务的水平，管理学上叫"无法测量则难以管理"，为能力的改进提升等管理工作服务；二是通过几年的工作建立一套成熟的测评方法体系，力求使该工作进入常态化、科学化、可持续化的状态，推动政府服务的现代化建设；三是为电子政务服务建设建立一个引导的方向，朝着服务于企业、公众、社会组织的方向发展。

2. 开展这项测评工作的价值、意义是什么？

答：一方面，我们希望通过这项工作能起到以评促建的效果，提升政府的电子服务能力，提高政府的公信力与社会的满意度水平，降低社会运行成本；另一方面，这项工作能衡量各级政府信息化投入以及政策文件的能效，特别是近几年在推进信息化消费、推进电子政务建设方面出台了大量的重要政策，看看这些政策是否产生了效果。

3. 什么是电子政务服务能力？

答：简单说就是政府的电子服务，从政府传递到企业、公众手中的效率与效果。从理论上讲包括三个方面的能力：一是电子服务提供的资源能力，就是硬软件设施怎么样；二是电子服务提供的途径与效率，也叫组织能力，就是能否将各种资源用好；三是服务提供的经验与方法，也叫实践能力，就是如何做到又快又好地服务。

4. 测评工作中都采用了哪些方法？

答：测评方法主要由四个部分组成，包括测评指标、测评对象、数据收集方法、数据计算方法。其中测评指标体系最关键，它是我们团队自2008年所承担的国家自然科学基金的研究成果，并得到了国际同行的认可。

5. 如何选取本次测评的对象？

答：今年是我们首次进行测评，测评对象包括所有部委、省级（直辖市）政府、地级市政府的门户网站与“两微一端”，都是全样本的在线测评。

6. 测评指标由哪些部分组成？

答：我们的测评指标共有三个维度，涉及五个方面的内容，包括电子政务内容服务能力、电子政务服务提供能力和电子政务服务创新能力。其中电子政务内容服务能力又包括信息服务能力、事务服务能力和参与服务能力。

7. 如何理解测评指标中的三个能力（内容服务能力、服务提供能力、服务创新能力）？

答：内容服务能力是社会最关心的部分，包括公众能否方便地查询到需要的信息、能否全程在线办事、能否参与政策决策三个方面。

服务提供能力用来评价政府的电子服务是不是好用，是否像网上购物一样，便捷、高效、安全。

服务创新能力是用来评价政府部门是否不断把最新的技术、方法、理念应用到服务上，也就是政府服务是否与时俱进、不断创新。

8. 测评方法上有什么特色？

答：测评工作的难点是如何保证测评数据的客观和公正，为此，我们的测评指标既包括客观指标也包括主观指标，但以客观指标为主，从而力争测评数据的客观、科学、可重复。可重复就是不同的测评人员用这个体系测评的结果是基本一致的。

9. 整个测评工作是如何开展的？

答：其实我们在几年前就有这个想法，2016 年 5 月决定把它付诸实施。于是，我们从 5—6 月开始准备工作，7 月进行测评指标、团队组建等工作，8—9 月进行数据收集，10 月完成数据的分析。总历时约 6 个月，工作量月均十余人。

10. 具体测评工作中是如何保证测评数据客观、准确的？

答：主要有两个方面，一是对指标的理解，也就是对电子服务的内涵要理解清楚；二是测评尺度的把握，我们的目标是引导各级政府部门开展事务的网上全程办理，根据实现的程度得到对应的分数。

经过7—10天的培训、反复沟通、试测与纠偏工作，力求每个参与测评的成员都清楚理解，并达到相对一致的评判尺度。其中，试测与纠偏进行了“A/B组对照测评—数据分析—尺度调整”几个步骤的训练。随后还进行了数据清洗与初步分析，主要是从统计学上对一些异常数据、异常对象、个别测评人员进行针对性鉴别，再通过重测、比对，从而得到相对准确的数据。

11. 采用了哪些数据质量保障手段?

答：测量阶段要保证原始数据尽量准确，例如数据准备阶段主要进行数据清洗，对个别存在歧义的指标进行修正或屏蔽，对部分数据进行重测或修正；在数据分析阶段，反复对超出经验判断的数据给予交叉复测。

12. 如何理解电子政务服务能力指数?

答：整个指数体系包括网站服务能力指数、微博服务能力指数、微信服务能力指数与APP服务能力指数，以及经过组合的综合服务能力指数、“双微”服务能力指数、新媒体服务能力指数，还有一项是综合了省级与所辖地市的各省电子政务服务能力指数。

每一个指数的满分是100分，实际得分反映了能力的绝对值。这与联合国、赛迪顾问、Gartner等机构的不同。该指数既是电子政务服务能力水平的体现，也能反映相对于完善的电子服务的差距。

13. 测评过程中采用了什么数据计算方法?

答：我们是用加权的方法计算得到。由于不同渠道在提供服务上的效率不同，因此重要程度，即权重也不一样。因此，我们先通过 Delphi 法计算不同渠道的权重，然后再进行不同的组合计算。

14. 本次测评工作的定位是什么？

答：从第三方的视角开展工作，为社会提供一份相对专业的答案。

15. 测评团队今后有什么打算？

答：有这么几个想法：一是使测评工作常态化，力争每年完成两份测评报告；二是将测评对象扩展到区县，包括县级市；三是建立电子政务服务能力指数数据库；四是研究更加自动化的测评方法与工具，比如计算机自动跟踪测评；五是开展数据分析与管理咨询工作，支持治理能力现代化的健康发展。

附录2　测评指标体系

表1　　政府网站服务能力测评指标

一级指标	二级指标	三级指标
政府网站服务能力（权重：0.3784）	1. 信息服务能力（ISC）（权重：0.2059）	1. 有用实用
		2. 来源权威
		3. 时间效度
		4. 易得可得
	2. 事务服务能力（ASC）（权重：0.2549）	1. 公众（个人）办事
		2. 企业（法人）办事
		3. 全程办理率
	3. 参与服务能力（PSC）（权重：0.1765）	1. 参与管理
		2. 参与回应
		3. 参与反馈
	4. 服务提供能力（SDC）（权重：0.2353）	1. 便捷易用
		2. 公平
		3. 稳定可靠
	5. 服务创新能力（SIC）（权重：0.1275）	1. 意见与建议吸纳能力
		2. 分享传播能力

表2　　政府微博服务能力测评指标

一级指标	二级指标	三级指标
政府微博服务能力（权重：0.1351）	1. 信息服务能力（ISC）（权重：0.3418）	1. 有用实用
		2. 来源权威
		3. 时间效度
		4. 易得可得

续表

一级指标	二级指标	三级指标
政府微博服务能力（权重：0.1351）	2. 微博影响力（WI）（权重：0.2911）	1. 受众规模
		2. 信息规模
		3. 活跃度
		4. 交互性
	3. 服务提供能力（SDC）（权重：0.1646）	1. 发布时长
	4. 服务创新能力（SIC）（权重：0.2025）	1. 采纳能力
		2. 吸收能力

表 3　　　　**政府微信服务能力测评指标**

一级指标	二级指标	三级指标
政府微信服务能力（权重：0.2162）	1. 信息服务能力（ISC）（权重：0.2252）	1. 有用实用
		2. 来源权威
		3. 时间效度
		4. 易得可得
	2. 事务服务能力（ASC）（权重：0.1622）	1. 效率效果
	3. 参与服务能力（PSC）（权重：0.2072）	1. 参与渠道
	4. 微信影响力（WI）（权重：0.2162）	1. 受众规模
		2. 信息规模
	5. 服务提供能力（SDC）（权重：0.1892）	1. 便捷易用

表 4　　　　**政府 APP 服务能力测评指标**

一级指标	二级指标	三级指标
政府APP服务能力（权重：0.2703）	1. 信息服务能力（ISC）（权重：0.2529）	1. 有用实用
		2. 来源权威
		3. 时间效度
		4. 易得可得

续表

一级指标	二级指标	三级指标
政府APP服务能力（权重：0.2703）	2. 事务服务能力（ASC）（权重：0.2414）	1. 效率效果
	3. 参与服务能力（PSC）（权重：0.2184）	1. 参与管理
		2. 参与回应
		3. 参与反馈
	4. 服务提供能力（SDC）（权重：0.2874）	1. 渠道面
		2. 覆盖面
		3. 易得性
		4. 稳定可靠
		5. 易用性
		6. 使用反馈
		7. 社交性

附录3　省市样本来源

表1　　省（直辖市）政务网站来源

省级	采集数据源（网址）	省级	采集数据源（网址）
北京市	http：//www. beijing. gov. cn	辽宁省	http：//www. ln. gov. cn/
天津市	http：//www. tj. gov. cn/	四川省	http：//www. sc. gov. cn/
上海市	http：//www. shanghai. gov. cn/	云南省	http：//www. yn. gov. cn/
重庆市	http：//www. cq. gov. cn/	青海省	http：//www. qh. gov. cn/
广东省	http：//www. gd. gov. cn/	山东省	http：//www. shandong. gov. cn/
甘肃省	http：//www. gansu. gov. cn/	山西省	http：//www. shanxi. gov. cn/
贵州省	http：//www. gzgov. gov. cn/	陕西省	http：//www. shaanxi. gov. cn/
海南省	http：//www. hainan. gov. cn/	福建省	http：//www. fujian. gov. cn/
河北省	http：//www. hebei. gov. cn/	浙江省	http：//www. zj. gov. cn/
河南省	http：//www. henan. gov. cn/	安徽省	http：//www. ah. gov. cn/
黑龙江省	http：//www. hlj. gov. cn/	内蒙古	http：//www. nmg. gov. cn/
湖北省	http：//www. hubei. gov. cn/	新疆	http：//www. xj. gov. cn
湖南省	http：//www. hunan. gov. cn/		http：//www. xinjiang. gov. cn
吉林省	http：//www. jl. gov. cn/	宁夏	http：//www. nx. gov. cn/
江苏省	http：//www. jiangsu. gov. cn/	广西	http：//www. gxzf. gov. cn/
江西省	http：//www. jiangxi. gov. cn/	西藏	http：//www. xizang. gov. cn/

表2　　地市政务网站来源

地级市	采集数据源（网址）	地级市	采集数据源（网址）
河北省石家庄市	http：//www. sjz. gov. cn/	湖北省随州市	http：//www. suizhou. gov. cn/
河北省张家口市	http：//www. zjk. gov. cn/	湖北省荆门市	http：//www. jingmen. gov. cn/

续表

地级市	采集数据源（网址）	地级市	采集数据源（网址）
河北省承德市	http：//www. chengde. gov. cn/	湖北省孝感市	http：//www. xiaogan. gov. cn/
河北省唐山市	http：//www. tangshan. gov. cn/	湖北省宜昌市	http：//www. yichang. gov. cn/
河北省秦皇岛市	http：//www. qhd. gov. cn/	湖北省黄冈市	http：//www. hg. gov. cn/
河北省廊坊市	http：//www. lf. gov. cn/	湖北省鄂州市	http：//www. ezhou. gov. cn/
河北省保定市	http：//www. bd. gov. cn/	湖北省荆州市	http：//www. jingzhou. gov. cn/
河北省沧州市	http：//www. cangzhou. gov. cn/	湖北省黄石市	http：//www. huangshi. gov. cn/
河北省衡水市	http：//www. hengshui. gov. cn/	湖北省咸宁市	http：//www. xianning. gov. cn/
河北省邢台市	http：//www. xingtai. gov. cn/	湖北省恩施	http：//www. enshi. gov. cn/
河北省邯郸市	http：//www. hd. gov. cn/	湖南省长沙市	http：//www. changsha. gov. cn/
山西省太原市	http：//www. taiyuan. gov. cn/	湖南省岳阳市	http：//www. yueyang. gov. cn/
山西省大同市	http：//www. sxdt. gov. cn/	湖南省张家界市	http：//www. zjj. gov. cn/
山西省朔州市	http：//www. shuozhou. gov. cn/	湖南省常德市	http：//www. changde. gov. cn/
山西省忻州市	http：//www. sxxz. gov. cn/	湖南省益阳市	http：//www. yiyang. gov. cn/
山西省阳泉市	http：//www. yq. gov. cn/	湖南省湘潭市	http：//www. xiangtan. gov. cn/
山西省晋中市	http：//www. sxjz. gov. cn/	湖南省株洲市	http：//www. zhuzhou. gov. cn/
山西省吕梁市	http：//www. lvliang. gov. cn/	湖南省娄底市	http：//www. hnloudi. gov. cn/
山西省长治市	http：//www. changzhi. gov. cn/	湖南省怀化市	http：//www. huaihua. gov. cn/
山西省临汾市	http：//www. linfen. gov. cn/	湖南省邵阳市	http：//www. shaoyang. gov. cn/
山西省晋城市	http：//www. jconline. cn/	湖南省衡阳市	http：//www. hengyang. gov. cn/

续表

地级市	采集数据源（网址）	地级市	采集数据源（网址）
山西省运城市	http：//www. yuncheng. gov. cn/	湖南省永州市	http：//www. yzcity. gov. cn/
内蒙古呼和浩特市	http：//www. huhhot. gov. cn/	湖南省郴州市	http：//www. czs. gov. cn/
内蒙古呼伦贝尔市	http：//www. hlbe. gov. cn/	湖南省湘西	http：//www. xxz. gov. cn/
内蒙古通辽市	http：//www. tongliao. gov. cn/	广东省广州市	http：//www. gz. gov. cn/
内蒙古赤峰市	http：//www. chifeng. gov. cn/	广东省韶关市	http：//www. sg. gov. cn/
内蒙古巴彦淖尔市	http：//www. bynr. gov. cn/	广东省梅州市	http：//www. meizhou. gov. cn/
内蒙古乌兰察布市	http：//www. wulanchabu. gov. cn/	广东省河源市	http：//www. heyuan. gov. cn/web/
内蒙古包头市	http：//www. baotou. gov. cn/	广东省清远市	http：//www. gdqy. gov. cn/
内蒙古鄂尔多斯市	http：//www. ordos. gov. cn/	广东省潮州市	http：//wscz. chaozhou. gov. cn/
内蒙古乌海市	http：//www. wuhai. gov. cn/	广东省揭阳市	http：//www. jieyang. gd. cn/
内蒙古兴安盟	http：//www. xam. gov. cn/	广东省汕头市	http：//www. shantou. gov. cn/
内蒙古锡林郭勒盟	http：//www. xlgl. gov. cn/	广东省肇庆市	http：//www. zhaoqing. gov. cn/
内蒙古阿拉善盟	http：//new. als. gov. cn/	广东省惠州市	http：//www. huizhou. gov. cn/
黑龙江省哈尔滨市	http：//www. harbin. gov. cn/	广东省佛山市	http：//www. foshan. gov. cn/
黑龙江省黑河市	http：//www. heihe. gov. cn/	广东省东莞市	http：//www. dg. gov. cn/
黑龙江省伊春市	http：//www. yc. gov. cn/	广东省云浮市	http：//www. yunfu. gov. cn/
黑龙江省齐齐哈尔市	http：//www. qqhr. gov. cn/	广东省汕尾市	http：//www. shanwei. gov. cn/
黑龙江省鹤岗市	http：//www. hegang. gov. cn/	广东省江门市	http：//www. jiangmen. gov. cn/
黑龙江省佳木斯市	http：//www. jms. gov. cn/	广东省中山市	http：//www. zs. gov. cn/

续表

地级市	采集数据源（网址）	地级市	采集数据源（网址）
黑龙江省双鸭山市	http：//www. shuangyashan. gov. cn/	广东省深圳市	http：//www. sz. gov. cn/
黑龙江省绥化市	http：//www. suihua. gov. cn/	广东省珠海市	http：//www. zhuhai. gov. cn/
黑龙江省大庆市	http：//www. daqing. gov. cn/	广东省阳江市	http：//www. yangjiang. gov. cn/
黑龙江省七台河市	http：//www. qth. gov. cn/	广东省茂名市	http：//www. maoming. gov. cn/
黑龙江省鸡西市	http：//www. jixi. gov. cn/	广东省湛江市	http：//www. zhanjiang. gov. cn/
黑龙江省牡丹江	http：//www. mdj. gov. cn/	广西南宁市	http：//www. nanning. gov. cn/
黑龙江省大兴安岭	http：//www. dxal. gov. cn/	广西桂林市	http：//www. guilin. gov. cn/
辽宁省沈阳市	http：//www. shenyang. gov. cn/	广西河池市	http：//www. gxhc. gov. cn/
辽宁省铁岭市	http：//www. tieling. gov. cn/	广西贺州市	http：//www. gxhz. gov. cn/
辽宁省阜新市	http：//www. fuxin. gov. cn/	广西柳州市	http：//www. liuzhou. gov. cn/
辽宁省抚顺市	http：//www. fushun. gov. cn/	广西百色市	http：//www. baise. gov. cn/
辽宁省朝阳市	http：//www. zgcy. gov. cn/	广西来宾市	http：//www. laibin. gov. cn/
辽宁省本溪市	http：//www. benxi. gov. cn/	广西梧州市	http：//www. wuzhou. gov. cn/
辽宁省辽阳市	http：//www. liaoyang. gov. cn/	广西贵港市	http：//www. gxgg. gov. cn/
辽宁省鞍山市	http：//www. anshan. gov. cn/	广西玉林市	http：//www. yulin. gov. cn/
辽宁省盘锦市	http：//www. panjin. gov. cn	广西崇左市	http：//www. chongzuo. gov. cn/
辽宁省锦州市	http：//www. jz. gov. cn/	广西钦州市	http：//www. qinzhou. gov. cn/
辽宁省葫芦岛市	http：//www. hld. gov. cn/	广西防城港市	http：//www. fcgs. gov. cn/
辽宁省营口市	http：//www. yingkou. gov. cn/	广西北海市	http：//www. beihai. gov. cn/

续表

地级市	采集数据源（网址）	地级市	采集数据源（网址）
辽宁省丹东市	http：//www. dandong. gov. cn/	海南省海口市	http：//www. haikou. gov. cn/
辽宁省大连市	http：//www. dl. gov. cn/	海南省三亚市	http：//www. sanya. gov. cn/
吉林省长春市	http：//www. ccszf. gov. cn/	海南省儋州市	http：//www. danzhou. gov. cn/
吉林省白城市	http：//www. bc. jl. gov. cn/	海南省三沙市	http：//www. sansha. gov. cn/
吉林省松原市	http：//www. jlsy. gov. cn/	四川省成都市	http：//www. chengdu. gov. cn/
吉林省吉林市	http：//www. jlcity. gov. cn/	四川省广元市	http：//www. cngy. gov. cn/
吉林省四平市	http：//www. siping. gov. cn/	四川省巴中市	http：//www. cnbz. gov. cn/
吉林省辽源市	http：//www. liaoyuan. gov. cn/	四川省绵阳市	http：//www. my. gov. cn/
吉林省白山市	http：//www. cbs. gov. cn/	四川省德阳市	http：//www. deyang. gov. cn/
吉林省通化市	http：//www. tonghua. gov. cn/	四川省达州市	http：//www. dazhou. gov. cn/
吉林省延边州	http：//www. yanbian. gov. cn/	四川省南充市	http：//www. nanchong. gov. cn/
江苏省南京市	http：//www. nanjing. gov. cn/	四川省遂宁市	http：//www. suining. gov. cn/
江苏省连云港市	http：//www. lyg. gov. cn/	四川省广安市	http：//www. guang－an. gov. cn/
江苏省徐州市	http：//www. xz. gov. cn/	四川省资阳市	http：//www. ziyang. gov. cn/
江苏省宿迁市	http：//www. suqian. gov. cn/	四川省眉山市	http：//www. ms. gov. cn/
江苏省淮安市	http：//www. huaian. gov. cn/	四川省雅安市	http：//www. yaan. gov. cn/
江苏省盐城市	http：//www. yancheng. gov. cn/	四川省内江市	http：//www. neijiang. gov. cn/
江苏省泰州市	http：//www. taizhou. gov. cn/	四川省乐山市	http：//www. leshan. gov. cn/
江苏省扬州市	http：//www. yangzhou. gov. cn/	四川省自贡市	http：//www. zg. gov. cn/

续表

地级市	采集数据源（网址）	地级市	采集数据源（网址）
江苏省镇江市	http：//www. zhenjiang. gov. cn/	四川省泸州市	http：//www. luzhou. gov. cn/
江苏省南通市	http：//www. nantong. gov. cn/	四川省宜宾市	http：//www. yb. gov. cn/
江苏省常州市	http：//www. changzhou. gov. cn/	四川省攀枝花市	http：//panzhihua. gov. cn/
江苏省无锡市	http：//www. wuxi. gov. cn/	四川省阿坝	http：//www. abazhou. gov. cn/
江苏省苏州市	http：//www. suzhou. gov. cn/	四川省甘孜	http：//www. gzz. gov. cn/
浙江省杭州市	http：//www. hangzhou. gov. cn/	四川省凉山	http：//www. lsz. gov. cn/
浙江省湖州市	http：//huz. zj. gov. cn/	贵州省贵阳市	http：//www. gygov. gov. cn/
浙江省嘉兴市	http：//www. jiaxing. gov. cn/	贵州省遵义市	http：//www. zunyi. gov. cn/
浙江省绍兴市	http：//www. sx. gov. cn/	贵州省六盘水市	http：//www. gzlps. gov. cn/
浙江省舟山市	http：//www. zhoushan. gov. cn/	贵州省安顺市	http：//www. anshun. gov. cn/
浙江省宁波市	http：//www. ningbo. gov. cn/	贵州省铜仁市	http：//www. trs. gov. cn/
浙江省金华市	http：//www. jinhua. gov. cn/	贵州省毕节市	http：//www. bijie. gov. cn/
浙江省衢州市	http：//www. qz. gov. cn/	贵州省黔西南	http：//www. qxn. gov. cn/
浙江省台州市	http：//tz. zj. gov. cn/	贵州省黔东南	http：//www. qdn. gov. cn/
浙江省丽水市	http：//ls. zj. gov. cn/	贵州省黔南布	http：//www. qiannan. gov. cn/
浙江省温州市	http：//wz. zj. gov. cn/	云南省昆明市	http：//www. km. gov. cn/
安徽省合肥市	http：//www. hefei. gov. cn/	云南省昭通市	http：//www. zt. gov. cn/
安徽省淮北市	http：//www. huaibei. gov. cn/	云南省丽江市	http：//www. lijiang. gov. cn/
安徽省亳州市	http：//www. bozhou. gov. cn/	云南省曲靖市	http：//www. qj. gov. cn/

续表

地级市	采集数据源（网址）	地级市	采集数据源（网址）
安徽省宿州市	http：//www. ahsz. gov. cn/	云南省保山市	http：//www. baoshan. gov. cn/
安徽省蚌埠市	http：//www. bengbu. gov. cn/	云南省玉溪市	http：//www. yuxi. gov. cn/
安徽省阜阳市	http：//www. fy. gov. cn/	云南省临沧市	http：//www. lincang. gov. cn/
安徽省淮南市	http：//www. huainan. gov. cn/	云南省普洱市	http：//www. puershi. gov. cn/
安徽省滁州市	http：//www. chuzhou. gov. cn/	云南省楚雄	http：//www. cxz. gov. cn/
安徽省六安市	http：//www. luan. gov. cn/	云南省红河	http：//www. hh. gov. cn/
安徽省马鞍山市	http：//www. mas. gov. cn/	云南省文山	http：//www. ynws. gov. cn/
安徽省芜湖市	http：//www. wuhu. gov. cn/	云南省西双版纳	http：//www. xsbn. gov. cn/
安徽省宣城市	http：//www. xuancheng. gov. cn/	云南省大理	http：//www. dali. gov. cn/
安徽省铜陵市	http：//www. tl. gov. cn/	云南省德宏	http：//www. dh. gov. cn/
安徽省池州市	http：//www. chizhou. gov. cn/	云南省怒江	http：//www. nj. yn. gov. cn/
安徽省安庆市	http：//www. anqing. gov. cn/	云南省迪庆	http：//www. diqing. gov. cn/
安徽省黄山市	http：//www. huangshan. gov. cn/	西藏拉萨市	http：//www. lasa. gov. cn/
福建省福州市	http：//www. fuzhou. gov. cn/	西藏昌都市	http：//www. changdu. gov. cn/
福建省宁德市	http：//www. ningde. gov. cn/	西藏日喀则市	http：//www. rkzw. cn/
福建省南平市	http：//www. np. gov. cn/	西藏林芝市	http：//www. linzhi. gov. cn/
福建省三明市	http：//www. sm. gov. cn/	西藏山南市	http：//www. xzsnw. com/
福建省莆田市	http：//www. putian. gov. cn/	西藏那曲地区	http：//www. xznqnews. com/
福建省龙岩市	http：//www. longyan. gov. cn/	西藏阿里地区	http：//www. xzali. gov. cn/

续表

地级市	采集数据源（网址）	地级市	采集数据源（网址）
福建省泉州市	http：//www. fjqz. gov. cn/	陕西省西安市	http：//www. xa. gov. cn/
福建省漳州市	http：//www. zhangzhou. gov. cn/	陕西省榆林市	http：//www. yl. gov. cn/
福建省厦门市	http：//www. xm. gov. cn/	陕西省延安市	http：//www. yanan. gov. cn/
江西省南昌市	http：//www. nc. gov. cn/	陕西省铜川市	http：//www. tongchuan. gov. cn/
江西省九江市	http：//www. jiujiang. gov. cn/	陕西省渭南市	http：//www. weinan. gov. cn/
江西省景德镇市	http：//www. jdz. gov. cn/	陕西省宝鸡市	http：//www. baoji. gov. cn/
江西省上饶市	http：//www. zgsr. gov. cn/	陕西省咸阳市	http：//www. xianyang. gov. cn/
江西省鹰潭市	http：//www. yingtan. gov. cn/	陕西省商洛市	http：//www. shangluo. gov. cn/
江西省抚州市	http：//www. jxfz. gov. cn/	陕西省汉中市	http：//www. hanzhong. gov. cn/
江西省新余市	http：//www. xinyu. gov. cn/	陕西省安康市	http：//www. ak. gov. cn/
江西省宜春市	http：//www. yichun. gov. cn/	甘肃省兰州市	http：//www. lanzhou. gov. cn/
江西省萍乡市	http：//www. pingxiang. gov. cn/	甘肃省嘉峪关市	http：//www. jyg. gansu. gov. cn/
江西省吉安市	http：//www. jian. gov. cn/	甘肃省酒泉市	http：//www. jiuquan. gov. cn/
江西省赣州市	http：//www. ganzhou. gov. cn/	甘肃省张掖市	http：//www. zhangye. gov. cn/
山东省济南市	http：//www. jinan. gov. cn/	甘肃省金昌市	http：//www. jc. gansu. gov. cn/
山东省德州市	http：//www. dezhou. gov. cn/	甘肃省武威市	http：//www. ww. gansu. gov. cn/
山东省滨州市	http：//www. binzhou. gov. cn/	甘肃省白银市	http：//www. baiyin. cn/
山东省东营市	http：//www. dongying. gov. cn/	甘肃省庆阳市	http：//www. zgqingyang. gov. cn/
山东省烟台市	http：//www. yantai. gov. cn/	甘肃省平凉市	http：//www. pingliang. gov. cn/

续表

地级市	采集数据源（网址）	地级市	采集数据源（网址）
山东省威海市	http：//www. weihai. gov. cn/	甘肃省定西市	http：//www. dingxi. gov. cn/
山东省淄博市	http：//www. zibo. gov. cn/	甘肃省天水市	http：//www. tianshui. gov. cn/
山东省潍坊市	http：//www. weifang. gov. cn/	甘肃省陇南市	http：//www. longnan. gov. cn/
山东省聊城市	http：//www. liaocheng. gov. cn/	甘肃省临夏	http：//www. linxia. gov. cn/
山东省泰安市	http：//www. taian. gov. cn/	甘肃省甘南	http：//www. gn. gansu. gov. cn/
山东省莱芜市	http：//www. laiwu. gov. cn/	青海省西宁市	http：//www. xining. gov. cn/
山东省青岛市	http：//www. qingdao. gov. cn/	青海省海东市	http：//www. haidong. gov. cn/
山东省日照市	http：//www. rizhao. gov. cn/	青海省海北	http：//www. qhhb. gov. cn/
山东省济宁市	http：//www. jining. gov. cn/	青海省黄南	http：//www. huangnan. gov. cn/
山东省菏泽市	http：//www. heze. gov. cn/	青海省海南	http：//www. qhhn. gov. cn/
山东省临沂市	http：//www. linyi. gov. cn/	青海省果洛	http：//www. guoluo. gov. cn/
山东省枣庄市	http：//www. zaozhuang. gov. cn/	青海省玉树	http：//www. qhys. gov. cn/
河南省郑州市	http：//www. zhengzhou. gov. cn/	青海省海西	http：//www. haixi. gov. cn/
河南省安阳市	http：//www. anyang. gov. cn/	宁夏银川市	http：//www. yinchuan. gov. cn/
河南省鹤壁市	http：//www. hebi. gov. cn/	宁夏石嘴山市	http：//www. nxszs. gov. cn/
河南省濮阳市	http：//www. puyang. gov. cn/	宁夏吴忠市	http：//www. wzzw. gov. cn/
河南省新乡市	http：//www. xinxiang. gov. cn/	宁夏中卫市	http：//www. nxzw. gov. cn/
河南省焦作市	http：//www. jiaozuo. gov. cn/	宁夏固原市	http：//www. nxgy. gov. cn/
河南省三门峡市	http：//www. smx. gov. cn/	新疆乌鲁木齐市	http：//www. urumqi. gov. cn/

续表

地级市	采集数据源（网址）	地级市	采集数据源（网址）
河南省开封市	http：//www. kaifeng. gov. cn/	新疆克拉玛依市	http：//www. klmyq. gov. cn/
河南省洛阳市	http：//www. ly. gov. cn/	新疆吐鲁番市	http：//www. tlf. gov. cn/
河南省商丘市	http：//www. shangqiu. gov. cn/	新疆哈密市	http：//www. hami. gov. cn/
河南省许昌市	http：//www. xuchang. gov. cn/	新疆昌吉	http：//www. cj. gov. cn/
河南省平顶山市	http：//www. pds. gov. cn/	新疆博尔塔拉	http：//www. xjboz. gov. cn/
河南省周口市	http：//www. zhoukou. gov. cn/	新疆巴音郭楞	http：//www. xjbz. gov. cn/
河南省漯河市	http：//www. luohe. gov. cn/	新疆阿克苏地区	http：//www. aksu. gov. cn/
河南省南阳市	http：//www. nanyang. gov. cn/	新疆克孜勒苏	http：//www. xjkz. gov. cn/
河南省驻马店市	http：//www. zhumadian. gov. cn/	新疆喀什地区	http：//www. xjks. gov. cn/
河南省信阳市	http：//www. xinyang. gov. cn/	新疆和田地区	http：//www. hts. gov. cn/
湖北省武汉市	http：//www. wuhan. gov. cn/	新疆伊犁	http：//www. xjyl. gov. cn/
湖北省十堰市	http：//www. shiyan. gov. cn/	新疆塔城地区	http：//www. xjtc. gov. cn/
湖北省襄阳市	http：//www. xf. gov. cn/	新疆阿勒泰地区	http：//www. xjalt. gov. cn/

表3 **省（直辖市）政务微博来源**

省级	采集数据源（名称）	省级	采集数据源（名称）
北京市	北京发布	辽宁省	辽宁发布
天津市	天津发布	四川省	四川发布
上海市	上海发布	云南省	微博云南
重庆市	重庆微发布	青海省	青海政务
广东省	广东省人民政府门户网站	山东省	山东发布
甘肃省	甘肃发布	山西省	无

续表

省级	采集数据源（名称）	省级	采集数据源（名称）
贵州省	黔办之声	陕西省	陕西发布
海南省	海南省人民政府网站	福建省	清新福建
河北省	河北发布	浙江省	浙江发布
河南省	河南政府网	安徽省	安徽省人民政府发布
黑龙江省	黑龙江发布	内蒙古自治区	活力内蒙古
湖北省	湖北省政府门户网站	新疆维吾尔自治区	新疆发布
湖南省	湖南省政府门户网站	宁夏回族自治区	宁夏政务发布
吉林省	吉林发布	广西壮族自治区	广西政府公报
江苏省	微博江苏	西藏自治区	西藏发布
江西省	江西发布		

表 4　　**地市政务微博来源**

地级市	采集数据源（名称）	地级市	采集数据源（名称）
河北省石家庄市	石家庄发布	湖北省随州市	随州市政府门户网站
河北省张家口市	张家口在线官方微博	湖北省荆门市	荆门市政府新闻办
河北省承德市	承德发布	湖北省孝感市	孝感发布
河北省唐山市	唐山发布	湖北省宜昌市	宜昌发布
河北省秦皇岛市	秦皇岛政务服务中心	湖北省黄冈市	黄冈发布
河北省廊坊市	廊坊发布	湖北省鄂州市	湖北鄂州微博
河北省保定市	微博保定	湖北省荆州市	荆州发布
河北省沧州市	微博沧州	湖北省黄石市	黄石发布
河北省衡水市	衡水政务	湖北省咸宁市	咸宁发布
河北省邢台市	邢台政务大厅	湖北省恩施土家族苗族自治州	恩施发布
河北省邯郸市	聚焦邯郸	湖南省长沙市	中国—长沙
山西省太原市	太原发布	湖南省岳阳市	岳阳市政府门户网站
山西省大同市	大同市 12345 政府服务热线	湖南省张家界市	无
山西省朔州市	朔州市政府网	湖南省常德市	常德市人民政府

续表

地级市	采集数据源（名称）	地级市	采集数据源（名称）
山西省忻州市	忻州发布	湖南省益阳市	中国益阳门户网
山西省阳泉市	无	湖南省湘潭市	无
山西省晋中市	晋中发布	湖南省株洲市	株洲政府门户网站
山西省吕梁市	吕梁发布	湖南省娄底市	无
山西省长治市	中国长治政府网站官方微博	湖南省怀化市	无
山西省临汾市	无	湖南省邵阳市	无
山西省晋城市	晋城发布	湖南省衡阳市	衡阳发布
山西省运城市	运城发布	湖南省永州市	无
内蒙古自治区呼和浩特市	呼和浩特发布	湖南省郴州市	郴州市政府门户网站
内蒙古自治区呼伦贝尔市	呼伦贝尔政府门户网站	湖南省湘西土家族苗族自治州	湘西州政府门户网站
内蒙古自治区通辽市	通辽市委外宣办	广东省广州市	中国广州发布
内蒙古自治区赤峰市	赤峰之窗	广东省韶关市	韶关发布
内蒙古自治区巴彦淖尔市	巴彦淖尔发布	广东省梅州市	梅州发布
内蒙古自治区乌兰察布市	活力乌兰察布	广东省河源市	河源发布
内蒙古自治区包头市	包头发布	广东省清远市	清远发布
内蒙古自治区鄂尔多斯市	鄂尔多斯发布	广东省潮州市	潮州发布
内蒙古自治区乌海市	乌海政务	广东省揭阳市	揭阳发布
内蒙古自治区兴安盟	魅力兴安盟	广东省汕头市	汕头市政府应急办
内蒙古自治区锡林郭勒盟	吉祥草原锡林郭勒	广东省肇庆市	美丽肇庆
内蒙古自治区阿拉善盟	阿拉善发布	广东省惠州市	惠州发布
黑龙江省哈尔滨市	哈尔滨市政府网	广东省佛山市	佛山发布
黑龙江省黑河市	幸福黑河	广东省东莞市	莞香花开
黑龙江省伊春市	伊春发布	广东省云浮市	无
黑龙江省齐齐哈尔市	鹤城政务	广东省汕尾市	汕尾发布
黑龙江省鹤岗市	鹤岗网讯	广东省江门市	中国侨都—江门发布

续表

地级市	采集数据源（名称）	地级市	采集数据源（名称）
黑龙江省佳木斯市	佳木斯发布	广东省中山市	中山发布
黑龙江省双鸭山市	双鸭山发布政务微博	广东省深圳市	深圳微博发布厅
黑龙江省绥化市	绥化发布	广东省珠海市	珠海发布
黑龙江省大庆市	中国大庆发布	广东省阳江市	广东阳江发布
黑龙江省七台河市	七台河发布	广东省茂名市	茂名发布
黑龙江省鸡西市	鸡西发布	广东省湛江市	湛江发布
黑龙江省牡丹江市	无	广西壮族自治区南宁市	南宁发布
黑龙江省大兴安岭地区	无	广西壮族自治区桂林市	无
辽宁省沈阳市	沈阳政务	广西壮族自治区河池市	河池发布
辽宁省铁岭市	无	广西壮族自治区贺州市	无
辽宁省阜新市	无	广西壮族自治区柳州市	我爱柳州
辽宁省抚顺市	抚顺发布	广西壮族自治区百色市	无
辽宁省朝阳市	无	广西壮族自治区来宾市	来宾发布
辽宁省本溪市	本溪发布厅	广西壮族自治区梧州市	绿城水都
辽宁省辽阳市	无	广西壮族自治区贵港市	贵港宣传
辽宁省鞍山市	无	广西壮族自治区玉林市	玉林发布
辽宁省盘锦市	无	广西壮族自治区崇左市	无
辽宁省锦州市	共青团锦州市委	广西壮族自治区钦州市	无
辽宁省葫芦岛市	无	广西壮族自治区防城港市	防城港发布
辽宁省营口市	无	广西壮族自治区北海市	北海发布
辽宁省丹东市	丹东发布	海南省海口市	海口发布
辽宁省大连市	无	海南省三亚市	三亚政务

续表

地级市	采集数据源（名称）	地级市	采集数据源（名称）
吉林省长春市	长春发布	海南省儋州市	儋州政务微博
吉林省白城市	白城发布	海南省三沙市	无
吉林省松原市	松原发布	四川省成都市	成都市政府门户网站
吉林省吉林市	吉林发布	四川省广元市	微广元（腾讯）
吉林省四平市	四平发布	四川省巴中市	巴中发布
吉林省辽源市	辽源发布	四川省绵阳市	今日绵阳（党委）
吉林省白山市	白山发布	四川省德阳市	微博德阳
吉林省通化市	通化发布	四川省达州市	达州发布
吉林省延边州	延边发布	四川省南充市	南充播报
江苏省南京市	南京政务服务	四川省遂宁市	遂宁发布
江苏省连云港市	连云港发布	四川省广安市	广安播报
江苏省徐州市	徐州发布	四川省资阳市	资阳之声
江苏省宿迁市	宿迁之声	四川省眉山市	眉山发布
江苏省淮安市	淮安政务	四川省雅安市	生态雅安
江苏省盐城市	盐城发布	四川省内江市	微内江
江苏省泰州市	泰州发布	四川省乐山市	乐山发布
江苏省扬州市	扬州发布	四川省自贡市	自贡市政务服务中心
江苏省镇江市	无	四川省泸州市	中国酒城—醉美泸州
江苏省南通市	南通发布	四川省宜宾市	宜宾发布
江苏省常州市	微常州	四川省攀枝花市	微攀枝花
江苏省无锡市	无锡发布	四川省阿坝藏族羌族自治州	中国阿坝州发布
江苏省苏州市	苏州发布	四川省甘孜藏族自治州	微甘孜
浙江省杭州市	杭州发布	四川省凉山彝族自治州	微凉山
浙江省湖州市	湖州发布	贵州省贵阳市	筑之声
浙江省嘉兴市	嘉兴发布	贵州省遵义市	无
浙江省绍兴市	绍兴发布	贵州省六盘水市	六盘水政务微博
浙江省舟山市	舟山发布	贵州省安顺市	中国安顺政务微博（腾讯）
浙江省宁波市	宁波发布	贵州省铜仁市	铜仁发布
浙江省金华市	金华市政府网	贵州省毕节市	无
浙江省衢州市	衢州发布	贵州省黔西南自治州	黔西南政务

续表

地级市	采集数据源（名称）	地级市	采集数据源（名称）
浙江省台州市	台州发布	贵州省黔东南苗族侗族自治州	黔东南政务微博
浙江省丽水市	丽水发布	贵州省黔南布依族苗族自治州	中国黔南
浙江省温州市	温州发布	云南省昆明市	昆明发布
安徽省合肥市	合肥发布	云南省昭通市	微昭通
安徽省淮北市	淮北发布	云南省丽江市	丽江新闻办
安徽省亳州市	亳州发布	云南省曲靖市	微博曲靖
安徽省宿州市	宿州发布	云南省保山市	无
安徽省蚌埠市	蚌埠市人民政府发布	云南省玉溪市	无
安徽省阜阳市	阜阳政府网	云南省临沧市	无
安徽省淮南市	淮南市人民政府发布	云南省普洱市	普洱发布
安徽省滁州市	无	云南省楚雄彝族自治州	楚雄发布
安徽省六安市	六安市人民政府发布	云南省红河哈尼族彝族自治州	红河州官微
安徽省马鞍山市	马鞍山政府网	云南省文山壮族苗族自治州	无
安徽省芜湖市	芜湖政府网	云南省西双版纳傣族自治州	西双版纳发布
安徽省宣城市	宣城发布	云南省大理白族自治州	大理发布
安徽省铜陵市	铜陵发布	云南省德宏傣族景颇族自治州	无
安徽省池州市	池州发布	云南省怒江傈僳族自治州	无
安徽省安庆市	安庆发布	云南省迪庆藏族自治州	无
安徽省黄山市	黄山发布	西藏自治区拉萨市	拉萨发布
福建省福州市	福州发布	西藏自治区昌都市	无
福建省宁德市	清新宁德	西藏自治区日喀则市	日喀则发布
福建省南平市	南平市政府门户网站	西藏自治区林芝市	无
福建省三明市	三明市政府网编辑部	西藏自治区山南市	山南发布
福建省莆田市	莆田网新闻	西藏自治区那曲地区	无
福建省龙岩市	生态龙岩	西藏自治区阿里地区	无

续表

地级市	采集数据源（名称）	地级市	采集数据源（名称）
福建省泉州市	泉州市政	陕西省西安市	西安发布
福建省漳州市	漳州外宣办	陕西省榆林市	榆林发布
福建省厦门市	厦门发布	陕西省延安市	延安政府门户网站
江西省南昌市	南昌发布	陕西省铜川市	铜川发布
江西省九江市	九江发布	陕西省渭南市	渭南发布
江西省景德镇市	景德镇发布	陕西省宝鸡市	宝鸡发布
江西省上饶市	上饶发布	陕西省咸阳市	智慧咸阳
江西省鹰潭市	鹰潭发布	陕西省商洛市	商洛发布
江西省抚州市	抚州发布	陕西省汉中市	汉中发布
江西省新余市	新余发布	陕西省安康市	安康发布
江西省宜春市	宜春发布	甘肃省兰州市	兰州发布
江西省萍乡市	萍乡发布	甘肃省嘉峪关市	嘉峪关政府网
江西省吉安市	吉安发布	甘肃省酒泉市	酒泉发布
江西省赣州市	赣州发布	甘肃省张掖市	张掖发布
山东省济南市	微博济南	甘肃省金昌市	金昌发布
山东省德州市	德州发布	甘肃省武威市	无
山东省滨州市	滨州发布	甘肃省白银市	白银发布（市委）
山东省东营市	东营发布	甘肃省庆阳市	无
山东省烟台市	烟台发布	甘肃省平凉市	平凉发布
山东省威海市	威海发布	甘肃省定西市	定西党政微博
山东省淄博市	淄博发布	甘肃省天水市	天水发布
山东省潍坊市	潍坊发布	甘肃省陇南市	陇南政务
山东省聊城市	聊城发布	甘肃省临夏回族自治州	临夏发布
山东省泰安市	泰安发布	甘肃省甘南藏族自治州	无
山东省莱芜市	莱芜发布	青海省西宁市	西宁政务
山东省青岛市	青岛发布	青海省海东市	海东市政府网
山东省日照市	日照发布	青海省海北藏族自治州	无
山东省济宁市	济宁发布	青海省黄南藏族自治州	黄南政务
山东省菏泽市	菏泽发布	青海省海南藏族自治州	无

续表

地级市	采集数据源（名称）	地级市	采集数据源（名称）
山东省临沂市	临沂发布	青海省果洛藏族自治州	无
山东省枣庄市	枣庄发布	青海省玉树藏族自治州	新—玉—树
河南省郑州市	郑州市门户网站	青海省海西蒙古族藏族自治州	中国柴达木
河南省安阳市	安阳政府网	宁夏回族自治区银川市	微博银川
河南省鹤壁市	无	宁夏回族自治区石嘴山市	石嘴山发布
河南省濮阳市	濮阳发布	宁夏回族自治区吴忠市	无
河南省新乡市	新乡发布	宁夏回族自治区中卫市	无
河南省焦作市	焦作政府网	宁夏回族自治区固原市	固原发布
河南省三门峡市	三门峡发布	新疆维吾尔自治区乌鲁木齐市	乌鲁木齐政务
河南省开封市	无	新疆维吾尔自治区克拉玛依市	克拉玛依发布
河南省洛阳市	微博洛阳	新疆维吾尔自治区吐鲁番市	吐鲁番地区政府网
河南省商丘市	微博商丘	新疆维吾尔自治区哈密市	哈密发布
河南省许昌市	精彩许昌	新疆维吾尔自治区昌吉州	昌吉发布
河南省平顶山市	无	新疆维吾尔自治区博尔塔拉蒙古自治州	博州发布
河南省周口市	无	新疆维吾尔自治区巴音郭楞州	巴州发布
河南省漯河市	无	新疆维吾尔自治区阿克苏地区	阿克苏发布
河南省南阳市	南阳市门户网站	新疆维吾尔自治区克孜勒苏州	克州政府网
河南省驻马店市	无	新疆维吾尔自治区喀什地区	喀什发布
河南省信阳市	无	新疆维吾尔自治区和田地区	和田发布

续表

地级市	采集数据源（名称）	地级市	采集数据源（名称）
湖北省武汉市	武汉发布	新疆维吾尔自治区伊犁州	伊犁政府网
湖北省十堰市	十堰政府网	新疆维吾尔自治区塔城地区	塔城地区政务微博
湖北省襄阳市	中国襄阳政府网	新疆维吾尔自治区阿勒泰地区	阿勒泰地区政府网

表5　　省（直辖市）政务微信来源

省级	采集数据源（公众号）	省级	采集数据源（公众号）
北京市	首都之窗	辽宁省	辽宁发布
天津市	无	四川省	四川发布
上海市	中国上海	云南省	无
重庆市	重庆微发布	青海省	青海政务
广东省	广东省人民政府门户网站	山东省	山东发布
甘肃省	甘肃政务	山西省	无
贵州省	贵州省人民政府网	陕西省	陕西发布
海南省	海南省政府网	福建省	中国福建
河北省	河北发布	浙江省	浙江政务服务
河南省	河南发布	安徽省	安徽省人民政府发布
黑龙江省	黑龙江政务	内蒙古自治区	内蒙古自治区人民政府发布
湖北省	湖北发布	新疆维吾尔自治区	最后一公里
湖南省	湖南省政府门户网	宁夏回族自治区	宁夏发布
吉林省	吉林发布	广西壮族自治区	广西政府公报
江苏省	微讯江苏	西藏自治区	西藏发布
江西省	江西发布		

表6　　地市政务微信来源

地级市	采集数据源（公众号）	地级市	采集数据源（公众号）
河北省石家庄市	无	湖北省随州市	中国随州
河北省张家口市	无	湖北省荆门市	中国荆门

续表

地级市	采集数据源（公众号）	地级市	采集数据源（公众号）
河北省承德市	承德发布	湖北省孝感市	无
河北省唐山市	中国唐山	湖北省宜昌市	宜昌发布
河北省秦皇岛市	秦皇岛发布	湖北省黄冈市	无
河北省廊坊市	廊坊发布	湖北省鄂州市	鄂州发布
河北省保定市	保定微讯	湖北省荆州市	荆州发布
河北省沧州市	沧州发布	湖北省黄石市	黄石发布
河北省衡水市	衡水微讯	湖北省咸宁市	无
河北省邢台市	邢台发布	湖北省恩施土家族苗族自治州	恩施发布
河北省邯郸市	邯郸发布	湖南省长沙市	中国长沙
山西省太原市	无	湖南省岳阳市	岳阳市政府网
山西省大同市	大同 12345	湖南省张家界市	张家界市政府门户网
山西省朔州市	朔州市政府网	湖南省常德市	常德市人民政府
山西省忻州市	无	湖南省益阳市	中国益阳门户网
山西省阳泉市	无	湖南省湘潭市	湘潭 12345 市长热线
山西省晋中市	无	湖南省株洲市	株洲市政府门户网站
山西省吕梁市	吕梁发布	湖南省娄底市	无
山西省长治市	中国长治	湖南省怀化市	无
山西省临汾市	无	湖南省邵阳市	无
山西省晋城市	晋城在线	湖南省衡阳市	无
山西省运城市	运城发布	湖南省永州市	无
内蒙古自治区呼和浩特市	呼和浩特发布	湖南省郴州市	郴州市政府门户网站
内蒙古自治区呼伦贝尔市	呼伦贝尔市人民政府官方网站发布	湖南省湘西土家族苗族自治州	无
内蒙古自治区通辽市	通辽政务信息	广东省广州市	中国广州发布
内蒙古自治区赤峰市	中国赤峰	广东省韶关市	韶关发布
内蒙古自治区巴彦淖尔市	巴彦淖尔发布	广东省梅州市	梅州发布
内蒙古自治区乌兰察布市	活力乌兰察布	广东省河源市	无
内蒙古自治区包头市	包头发布	广东省清远市	无
内蒙古自治区鄂尔多斯市	鄂尔多斯政务	广东省潮州市	无

续表

地级市	采集数据源（公众号）	地级市	采集数据源（公众号）
内蒙古自治区乌海市	乌海政府信息网	广东省揭阳市	揭阳市政府网
内蒙古自治区兴安盟	无	广东省汕头市	汕头市政府应急办
内蒙古自治区锡林郭勒盟	锡林郭勒盟政务门户网	广东省肇庆市	肇庆市政府门户网站
内蒙古自治区阿拉善盟	阿拉善发布	广东省惠州市	惠州发布
黑龙江省哈尔滨市	哈尔滨市政府	广东省佛山市	佛山发布
黑龙江省黑河市	黑河政务	广东省东莞市	莞香花开
黑龙江省伊春市	伊春市人民政府	广东省云浮市	无
黑龙江省齐齐哈尔市	微鹤城	广东省汕尾市	汕尾市人民政府网站
黑龙江省鹤岗市	鹤岗发布	广东省江门市	江门发布
黑龙江省佳木斯市	佳木斯政务	广东省中山市	中山发布
黑龙江省双鸭山市	双鸭山政务（未认证）	广东省深圳市	深圳发布
黑龙江省绥化市	绥化网信	广东省珠海市	无
黑龙江省大庆市	微大庆	广东省阳江市	广东阳江发布
黑龙江省七台河市	七台河发布	广东省茂名市	茂名政管（无推送）
黑龙江省鸡西市	美丽鸡西	广东省湛江市	湛江政府网
黑龙江省牡丹江市	无	广西壮族自治区南宁市	南宁发布
黑龙江省大兴安岭地区	大兴安岭政务	广西壮族自治区桂林市	无
辽宁省沈阳市	沈阳政务	广西壮族自治区河池市	河池发布
辽宁省铁岭市	铁岭民生	广西壮族自治区贺州市	贺州发布
辽宁省阜新市	无	广西壮族自治区柳州市	柳州发布
辽宁省抚顺市	无	广西壮族自治区百色市	无
辽宁省朝阳市	无	广西壮族自治区来宾市	来宾发布
辽宁省本溪市	本溪发布厅	广西壮族自治区梧州市	梧州发布
辽宁省辽阳市	无	广西壮族自治区贵港市	贵港宣传

续表

地级市	采集数据源（公众号）	地级市	采集数据源（公众号）
辽宁省鞍山市	无	广西壮族自治区玉林市	玉林新闻
辽宁省盘锦市	微盘锦	广西壮族自治区崇左市	无
辽宁省锦州市	锦州发布	广西壮族自治区钦州市	钦州发布
辽宁省葫芦岛市	无	广西壮族自治区防城港市	防城港发布
辽宁省营口市	无	广西壮族自治区北海市	遇见北海
辽宁省丹东市	无	海南省海口市	海口发布
辽宁省大连市	无	海南省三亚市	三亚政务
吉林省长春市	长春政事儿	海南省儋州市	儋州市政府
吉林省白城市	白城发布	海南省三沙市	无
吉林省松原市	松原发布	四川省成都市	无
吉林省吉林市	吉林市发布	四川省广元市	广元政务
吉林省四平市	无	四川省巴中市	巴中市人民政府政务服务中心
吉林省辽源市	辽源之声	四川省绵阳市	绵阳发布
吉林省白山市	白山市人民政府政务服务中心	四川省德阳市	德阳发布
吉林省通化市	通化发布	四川省达州市	达州发布
吉林省延边州	延边发布	四川省南充市	南充发布
江苏省南京市	中国南京	四川省遂宁市	遂宁发布
江苏省连云港市	连云港发布	四川省广安市	广安发布
江苏省徐州市	徐州发布	四川省资阳市	资阳微政务
江苏省宿迁市	宿迁之声	四川省眉山市	微眉山
江苏省淮安市	中国淮安政府门户网站	四川省雅安市	四川雅安
江苏省盐城市	盐城发布	四川省内江市	最内江
江苏省泰州市	泰州发布	四川省乐山市	乐山发布
江苏省扬州市	扬州发布	四川省自贡市	微自贡
江苏省镇江市	镇江发布	四川省泸州市	醉美泸州
江苏省南通市	中国南通	四川省宜宾市	宜宾发布
江苏省常州市	常州政府网站	四川省攀枝花市	攀枝花发布

续表

地级市	采集数据源（公众号）	地级市	采集数据源（公众号）
江苏省无锡市	中国无锡、无锡发布	四川省阿坝藏族羌族自治州	无
江苏省苏州市	苏州发布	四川省甘孜藏族自治州	中国甘孜
浙江省杭州市	杭州发布	四川省凉山彝族自治州	凉山政府网
浙江省湖州市	湖州发布	贵州省贵阳市	筑之声
浙江省嘉兴市	嘉兴发布	贵州省遵义市	无
浙江省绍兴市	绍兴发布	贵州省六盘水市	六盘水市人民政府网
浙江省舟山市	舟山发布	贵州省安顺市	中国安顺门户网站
浙江省宁波市	宁波政务	贵州省铜仁市	铜仁市人民政府网
浙江省金华市	金华市政府网	贵州省毕节市	微毕节
浙江省衢州市	衢州政务	贵州省黔西南布依族苗族自治州	黔西南州人民政府网
浙江省台州市	台州市府办微平台	贵州省黔东南苗族侗族自治州	黔东南州政府
浙江省丽水市	丽水发布	贵州省黔南布依族苗族自治州	黔南州人民政府网
浙江省温州市	温州人民政府网站	云南省昆明市	昆明发布
安徽省合肥市	合肥发布	云南省昭通市	昭通市人民政府
安徽省淮北市	淮北市人民政府发布	云南省丽江市	丽江政务网
安徽省亳州市	亳州发布	云南省曲靖市	微曲靖
安徽省宿州市	无	云南省保山市	无
安徽省蚌埠市	蚌埠市人民政府发布	云南省玉溪市	玉溪发布
安徽省阜阳市	中国阜阳	云南省临沧市	无
安徽省淮南市	无	云南省普洱市	无
安徽省滁州市	无	云南省楚雄彝族自治州	云南楚雄网
安徽省六安市	六安市人民政府发布	云南省红河哈尼族彝族自治州	无
安徽省马鞍山市	马鞍山政务服务	云南省文山壮族苗族自治州	文山市政府
安徽省芜湖市	芜湖发布	云南省西双版纳傣族自治州	无
安徽省宣城市	宣城发布	云南省大理白族自治州	大理宣传

续表

地级市	采集数据源（公众号）	地级市	采集数据源（公众号）
安徽省铜陵市	无	云南省德宏傣族景颇族自治州	美丽德宏
安徽省池州市	池州发布	云南省怒江傈僳族自治州	无
安徽省安庆市	安庆之声	云南省迪庆藏族自治州	无
安徽省黄山市	中国黄山	西藏自治区拉萨市	无
福建省福州市	e 福州	西藏自治区昌都市	网信昌都
福建省宁德市	宁德微门户	西藏自治区日喀则市	日喀则发布
福建省南平市	南平政府网	西藏自治区林芝市	微林芝
福建省三明市	中国三明	西藏自治区山南市	山南发布
福建省莆田市	中国莆田	西藏自治区那曲地区	无
福建省龙岩市	龙岩市人民政府网	西藏自治区阿里地区	天上阿里
福建省泉州市	中国泉州政府门户网站	陕西省西安市	西安发布
福建省漳州市	无	陕西省榆林市	榆林微讯
福建省厦门市	厦门发布	陕西省延安市	延安发布
江西省南昌市	南昌发布	陕西省铜川市	铜川政府网
江西省九江市	九江发布	陕西省渭南市	渭南发布
江西省景德镇市	瓷都政务	陕西省宝鸡市	无
江西省上饶市	无	陕西省咸阳市	智慧咸阳
江西省鹰潭市	鹰潭发布	陕西省商洛市	看商洛
江西省抚州市	抚州发布	陕西省汉中市	汉中发布
江西省新余市	无	陕西省安康市	安康发布
江西省宜春市	宜春发布	甘肃省兰州市	兰州市政务服务中心
江西省萍乡市	萍乡发布	甘肃省嘉峪关市	嘉峪关政府网
江西省吉安市	吉安市人民政府网	甘肃省酒泉市	无
江西省赣州市	赣州发布	甘肃省张掖市	张掖发布
山东省济南市	济南政务	甘肃省金昌市	金昌发布
山东省德州市	德州政府网	甘肃省武威市	武威发布
山东省滨州市	滨州政务	甘肃省白银市	白银发布
山东省东营市	东营市政务服务中心	甘肃省庆阳市	庆阳政府网
山东省烟台市	中国烟台网	甘肃省平凉市	平凉发布
山东省威海市	威海发布	甘肃省定西市	定西党政网

续表

地级市	采集数据源（公众号）	地级市	采集数据源（公众号）
山东省淄博市	淄博发布	甘肃省天水市	天水发布
山东省潍坊市	潍坊发布	甘肃省陇南市	陇南政务
山东省聊城市	聊城发布	甘肃省临夏回族自治州	临夏回族自治州人民政府网
山东省泰安市	泰安发布	甘肃省甘南藏族自治州	无
山东省莱芜市	莱芜发布	青海省西宁市	西宁发布
山东省青岛市	青岛发布	青海省海东市	海东市政府网
山东省日照市	日照发布	青海省海北藏族自治州	无
山东省济宁市	济宁政务	青海省黄南藏族自治州	黄南政务
山东省菏泽市	无	青海省海南藏族自治州	海南州政务
山东省临沂市	临沂政府网	青海省果洛藏族自治州	无
山东省枣庄市	无	青海省玉树藏族自治州	玉树发布
河南省郑州市	无	青海省海西蒙古族藏族自治州	海西发布
河南省安阳市	无	宁夏回族自治区银川市	无
河南省鹤壁市	无	宁夏回族自治区石嘴山市	石嘴山发布
河南省濮阳市	濮阳发布	宁夏回族自治区吴忠市	无
河南省新乡市	无	宁夏回族自治区中卫市	无
河南省焦作市	无	宁夏回族自治区固原市	固原阳光政务
河南省三门峡市	无	新疆维吾尔自治区乌鲁木齐市	乌鲁木齐零距离
河南省开封市	开封智慧政务	新疆维吾尔自治区克拉玛依市	克拉玛依零距离
河南省洛阳市	无	新疆维吾尔自治区吐鲁番市	吐鲁番政府网

续表

地级市	采集数据源（公众号）	地级市	采集数据源（公众号）
河南省商丘市	商丘市政府网	新疆维吾尔自治区哈密市	哈密政府网
河南省许昌市	无	新疆维吾尔自治区昌吉州	昌吉零距离
河南省平顶山市	无	新疆维吾尔自治区博尔塔拉蒙古自治州	博州零距离
河南省周口市	无	新疆维吾尔自治区巴音郭楞州	无
河南省漯河市	无	新疆维吾尔自治区阿克苏地区	阿克苏政府网
河南省南阳市	无	新疆维吾尔自治区克孜勒苏州	克州政府网
河南省驻马店市	无	新疆维吾尔自治区喀什地区	无
河南省信阳市	无	新疆维吾尔自治区和田地区	无
湖北省武汉市	武汉发布	新疆维吾尔自治区伊犁州	伊犁政府网
湖北省十堰市	十堰发布	新疆维吾尔自治区塔城地区	塔城地区政府网
湖北省襄阳市	襄阳政府网	新疆维吾尔自治区阿勒泰地区	阿勒泰市零距离

表 7　　　　省（直辖市）政务 APP 来源

省级	采集数据源（名称）	省级	采集数据源（名称）
北京市	北京服务您	辽宁省	辽宁政务通
天津市	无	四川省	中国四川
上海市	中国上海	云南省	云南通
重庆市	重庆城	青海省	青海省
广东省	广东省网上办事大厅	山东省	中国山东
甘肃省	中国・甘肃	山西省	无
贵州省	贵州省人民政府门户网	陕西省	无
海南省	海南政府网	福建省	中国福建
河北省	中国河北	浙江省	中国浙江

续表

省级	采集数据源（名称）	省级	采集数据源（名称）
河南省	无	安徽省	无
黑龙江省	无	内蒙古自治区	内蒙古自治区人民政府移动客户端
湖北省	长江云	新疆维吾尔自治区	无
湖南省	湖南省人民政府	宁夏回族自治区	智慧宁夏
吉林省	无	广西壮族自治区	广西网上政务服务中心
江苏省	江苏省人民政府	西藏自治区	无
江西省	无		

表 8　**地市政务 APP 来源**

地级市	采集数据源（名称）	地级市	采集数据源（名称）
河北省石家庄市	无	湖北省随州市	无
河北省张家口市	大好河山张家口	湖北省荆门市	中国荆门
河北省承德市	无	湖北省孝感市	掌上孝感
河北省唐山市	无	湖北省宜昌市	中国宜昌（市民 e 家）
河北省秦皇岛市	无	湖北省黄冈市	中国黄冈
河北省廊坊市	廊坊市纪检监察网	湖北省鄂州市	无
河北省保定市	保定政务通	湖北省荆州市	无
河北省沧州市	无	湖北省黄石市	无
河北省衡水市	衡水政务办事服务	湖北省咸宁市	无
河北省邢台市	无	湖北省恩施土家族苗族自治州	云上恩施
河北省邯郸市	无	湖南省长沙市	中国长沙
山西省太原市	掌上太原	湖南省岳阳市	岳阳政府网
山西省大同市	无	湖南省张家界市	无
山西省朔州市	中国朔州	湖南省常德市	无
山西省忻州市	无	湖南省益阳市	益阳市政府门户网站
山西省阳泉市	中国阳泉	湖南省湘潭市	无
山西省晋中市	无	湖南省株洲市	无
山西省吕梁市	无	湖南省娄底市	无

续表

地级市	采集数据源（名称）	地级市	采集数据源（名称）
山西省长治市	无	湖南省怀化市	无
山西省临汾市	无	湖南省邵阳市	无
山西省晋城市	晋城在线官网	湖南省衡阳市	中国衡阳
山西省运城市	无	湖南省永州市	无
内蒙古自治区呼和浩特市	呼和浩特发布	湖南省郴州市	掌上郴州
内蒙古自治区呼伦贝尔市	无	湖南省湘西土家族苗族自治州	无
内蒙古自治区通辽市	通辽发布	广东省广州市	无
内蒙古自治区赤峰市	活力赤峰	广东省韶关市	无
内蒙古自治区巴彦淖尔市	无	广东省梅州市	无
内蒙古自治区乌兰察布市	避暑之都·乌兰察布	广东省河源市	中国河源
内蒙古自治区包头市	智慧包头	广东省清远市	无
内蒙古自治区鄂尔多斯市	鄂尔多斯移动政务	广东省潮州市	无
内蒙古自治区乌海市	无	广东省揭阳市	无
内蒙古自治区兴安盟	兴安盟发布	广东省汕头市	汕头市政府
内蒙古自治区锡林郭勒盟	锡林郭勒发布	广东省肇庆市	肇庆市政府移动门户
内蒙古自治区阿拉善盟	掌上阿拉善	广东省惠州市	惠州市政府网手机版
黑龙江省哈尔滨市	哈尔滨政府网	广东省佛山市	中国佛山
黑龙江省黑河市	亲亲黑河/魅力黑河	广东省东莞市	莞香花开
黑龙江省伊春市	绿色伊春	广东省云浮市	无
黑龙江省齐齐哈尔市	中国齐齐哈尔	广东省汕尾市	无
黑龙江省鹤岗市	魅力鹤岗	广东省江门市	江门市移动政务
黑龙江省佳木斯市	佳木斯政府网、快乐佳木斯	广东省中山市	智慧中山
黑龙江省双鸭山市	掌上双鸭山	广东省深圳市	无
黑龙江省绥化市	直通绥化	广东省珠海市	中国珠海
黑龙江省大庆市	无	广东省阳江市	阳江网厅（未找到）
黑龙江省七台河市	无	广东省茂名市	无
黑龙江省鸡西市	无	广东省湛江市	湛江一掌通

续表

地级市	采集数据源（名称）	地级市	采集数据源（名称）
黑龙江省牡丹江市	无	广西壮族自治区南宁市	中国南宁
黑龙江省大兴安岭地区	生态兴安岭	广西壮族自治区桂林市	无
辽宁省沈阳市	我的沈阳	广西壮族自治区河池市	无
辽宁省铁岭市	铁岭 12345 市长服务热线	广西壮族自治区贺州市	无
辽宁省阜新市	无	广西壮族自治区柳州市	无
辽宁省抚顺市	无	广西壮族自治区百色市	无
辽宁省朝阳市	无	广西壮族自治区来宾市	多彩来宾
辽宁省本溪市	本溪市民网	广西壮族自治区梧州市	美丽梧州
辽宁省辽阳市	无	广西壮族自治区贵港市	和美贵港
辽宁省鞍山市	中国鞍山	广西壮族自治区玉林市	掌中玉林
辽宁省盘锦市	无	广西壮族自治区崇左市	美丽崇左
辽宁省锦州市	无	广西壮族自治区钦州市	美丽钦州
辽宁省葫芦岛市	无	广西壮族自治区防城港市	美丽防城港
辽宁省营口市	营口办事大厅	广西壮族自治区北海市	无
辽宁省丹东市	无	海南省海口市	中国海口
辽宁省大连市	无	海南省三亚市	无
吉林省长春市	中国长春	海南省儋州市	海南儋州
吉林省白城市	无	海南省三沙市	无
吉林省松原市	无	四川省成都市	中国成都
吉林省吉林市	无	四川省广元市	中国广元
吉林省四平市	无	四川省巴中市	中国巴中
吉林省辽源市	无	四川省绵阳市	无

续表

地级市	采集数据源（名称）	地级市	采集数据源（名称）
吉林省白山市	无	四川省德阳市	中国德阳
吉林省通化市	无	四川省达州市	无
吉林省延边州	无	四川省南充市	南充市人民政府
江苏省南京市	我的南京	四川省遂宁市	12345 政府热线—智慧遂宁
江苏省连云港市	连云港发布	四川省广安市	无
江苏省徐州市	中国徐州	四川省资阳市	资阳市
江苏省宿迁市	网上宿迁	四川省眉山市	无
江苏省淮安市	中国淮安	四川省雅安市	无
江苏省盐城市	无	四川省内江市	中国内江
江苏省泰州市	中国泰州	四川省乐山市	无
江苏省扬州市	扬州发布	四川省自贡市	无
江苏省镇江市	中国镇江	四川省泸州市	无
江苏省南通市	中国南通	四川省宜宾市	宜宾门户
江苏省常州市	中国常州	四川省攀枝花市	中国攀枝花
江苏省无锡市	中国无锡	四川省阿坝藏族羌族自治州	中国阿坝州
江苏省苏州市	中国苏州	四川省甘孜藏族自治州	无
浙江省杭州市	无	四川省凉山彝族自治州	中国凉山
浙江省湖州市	湖州发布	贵州省贵阳市	无
浙江省嘉兴市	嘉兴市民之家	贵州省遵义市	中国遵义
浙江省绍兴市	无	贵州省六盘水市	无
浙江省舟山市	舟山政府网	贵州省安顺市	中国安顺
浙江省宁波市	中国宁波	贵州省铜仁市	无
浙江省金华市	中国金华	贵州省毕节市	无
浙江省衢州市	智慧衢州	贵州省黔西南布依族苗族自治州	无
浙江省台州市	中国台州	贵州省黔东南苗族侗族自治州	无
浙江省丽水市	无	贵州省黔南布依族苗族自治州	幸福黔南
浙江省温州市	中国温州	云南省昆明市	云南通·昆明
安徽省合肥市	无	云南省昭通市	云南通·昭通

续表

地级市	采集数据源（名称）	地级市	采集数据源（名称）
安徽省淮北市	精致淮北	云南省丽江市	云南通·丽江
安徽省亳州市	我家亳州	云南省曲靖市	云南通·曲靖
安徽省宿州市	灵杰宿州	云南省保山市	云南通·保山
安徽省蚌埠市	珠陈蚌埠	云南省玉溪市	云南通·玉溪
安徽省阜阳市	魅力阜阳	云南省临沧市	云南通·临沧
安徽省淮南市	魅力淮南	云南省普洱市	云南通·普洱
安徽省滁州市	醉美滁州	云南省楚雄彝族自治州	云南通·楚雄
安徽省六安市	幸福六安	云南省红河哈尼族彝族自治州	云南通·红河
安徽省马鞍山市	马鞍山市民网	云南省文山壮族苗族自治州	云南通·文山
安徽省芜湖市	中国芜湖	云南省西双版纳傣族自治州	云南通·西双版纳
安徽省宣城市	多彩宣城	云南省大理白族自治州	云南通·大理
安徽省铜陵市	幸福铜陵	云南省德宏傣族景颇族自治州	云南通·德宏州
安徽省池州市	中国池州网	云南省怒江傈僳族自治州	云南通·怒江
安徽省安庆市	无	云南省迪庆藏族自治州	云南通·迪庆
安徽省黄山市	中国黄山	西藏自治区拉萨市	无
福建省福州市	e 福州	西藏自治区昌都市	无
福建省宁德市	无	西藏自治区日喀则市	无
福建省南平市	中国南平	西藏自治区林芝市	无
福建省三明市	中国三明	西藏自治区山南市	无
福建省莆田市	莆田市政府	西藏自治区那曲地区	那曲发布
福建省龙岩市	中国龙岩	西藏自治区阿里地区	无
福建省泉州市	中国泉州	陕西省西安市	中国西安
福建省漳州市	漳州市人民政府	陕西省榆林市	榆林日报
福建省厦门市	厦门市人民政府	陕西省延安市	中国延安
江西省南昌市	无	陕西省铜川市	无
江西省九江市	无	陕西省渭南市	无
江西省景德镇市	无	陕西省宝鸡市	无

续表

地级市	采集数据源（名称）	地级市	采集数据源（名称）
江西省上饶市	无	陕西省咸阳市	咸阳
江西省鹰潭市	无	陕西省商洛市	无
江西省抚州市	无	陕西省汉中市	中国汉中
江西省新余市	新余发布（市委）	陕西省安康市	无
江西省宜春市	掌上宜春	甘肃省兰州市	三维城市
江西省萍乡市	无	甘肃省嘉峪关市	无
江西省吉安市	吉安发布	甘肃省酒泉市	无
江西省赣州市	无	甘肃省张掖市	无
山东省济南市	中国济南	甘肃省金昌市	无
山东省德州市	无	甘肃省武威市	无
山东省滨州市	中国滨州	甘肃省白银市	无
山东省东营市	中国东营微门户	甘肃省庆阳市	无
山东省烟台市	烟台政府网	甘肃省平凉市	无
山东省威海市	中国威海	甘肃省定西市	定西党政网
山东省淄博市	无	甘肃省天水市	无
山东省潍坊市	无	甘肃省陇南市	无
山东省聊城市	无	甘肃省临夏回族自治州	无
山东省泰安市	无	甘肃省甘南藏族自治州	无
山东省莱芜市	莱芜市政府	青海省西宁市	无
山东省青岛市	青岛政务网	青海省海东市	无
山东省日照市	无	青海省海北藏族自治州	无
山东省济宁市	无	青海省黄南藏族自治州	无
山东省菏泽市	无	青海省海南藏族自治州	无
山东省临沂市	无	青海省果洛藏族自治州	无
山东省枣庄市	无	青海省玉树藏族自治州	无
河南省郑州市	无	青海省海西蒙古族藏族自治州	无

续表

地级市	采集数据源（名称）	地级市	采集数据源（名称）
河南省安阳市	安阳市民之家	宁夏回族自治区银川市	银川（移动）审批
河南省鹤壁市	无	宁夏回族自治区石嘴山市	宁夏石嘴山
河南省濮阳市	无	宁夏回族自治区吴忠市	无
河南省新乡市	无	宁夏回族自治区中卫市	云端中卫
河南省焦作市	无线焦作	宁夏回族自治区固原市	无
河南省三门峡市	无	新疆维吾尔自治区乌鲁木齐市	无
河南省开封市	中国·开封公众信息网	新疆维吾尔自治区克拉玛依市	无
河南省洛阳市	无	新疆维吾尔自治区吐鲁番市	吐鲁番政府网
河南省商丘市	无	新疆维吾尔自治区哈密市	哈密政府网
河南省许昌市	无	新疆维吾尔自治区昌吉州	掌上昌吉
河南省平顶山市	无	新疆维吾尔自治区博尔塔拉蒙古自治州	无
河南省周口市	无	新疆维吾尔自治区巴音郭楞州	无
河南省漯河市	无	新疆维吾尔自治区阿克苏地区	掌上阿克苏
河南省南阳市	无	新疆维吾尔自治区克孜勒苏州	无
河南省驻马店市	无	新疆维吾尔自治区喀什地区	无
河南省信阳市	无	新疆维吾尔自治区和田地区	无
湖北省武汉市	云端武汉	新疆维吾尔自治区伊犁州	无
湖北省十堰市	无	新疆维吾尔自治区塔城地区	无
湖北省襄阳市	中国襄阳	新疆维吾尔自治区阿勒泰地区	无

附录4　部委电子政务服务能力指数

第一章　测评工作

集中测评时间：2016年7月1日—31日。

测评渠道：官方网站、微博、微信、APP

测评对象：包括国务院组成部门、国务院直属特设机构、国务院直属机构、国务院办事机构、国务院直属事业单位和国务院部委管理的国家局。其中，国务院直属事业单位中新华社、中国科学院、中国社会科学院、全国社会保障基金理事会、中国工程院、国务院发展研究中心、国家行政学院和国家自然科学基金委员会这8个机构的社会服务职能较少，未纳入测评。

测评样本见附录5。

第二章　部委电子服务渠道能力指数分析

一　政务网站服务能力指数

（1）网站服务能力指数

表1　国务院部委政务网站电子服务能力指数

排名	部委简称	指数	排名	部委简称	指数	排名	部委简称	指数
1	民航局	79.90	23	国海洋局	60.61	44	粮食局	44.66
2	测绘地信局	78.57	24	国税总局	58.63	45	审计署	44.48

续表

排名	部委简称	指数	排名	部委简称	指数	排名	部委简称	指数
3	水利部	74.44	25	质监局	58.69	46	人社部	43.94
4	发改委	74.28	26	海关总署	54.38	47	住建部	44.10
5	旅游局	74.03	27	机关事务局	53.99	48	财政部	41.13
6	食药监总局	72.92	28	信访局	53.57	49	保监会	41.87
7	教育部	72.27	29	公安部	53.01	50	银监会	41.78
8	广电总局	69.26	30	公务员局	52.68	51	国家民委	40.97
9	工商行政总局	68.76	31	民政部	52.44	52	国防部	40.29
10	文化部	68.55	32	邮政局	51.63	53	宗教事务局	39.90
11	交通运输部	68.36	33	气象局	50.74	54	证监会	39.76
12	林业局	67.29	34	国土资源部	50.57	55	监察部	39.28
13	外国专家局	67.25	35	铁路局	49.61	56	央行	38.76
14	农业部	67.08	36	地震局	49.65	57	法制办	37.95
15	工信部	65.98	37	文物局	49.51	58	参事室	36.96
16	知识产权局	66.01	38	科技部	48.15	59	港澳办	36.38
17	商务部	63.85	39	安监总局	47.48	60	国务院侨办	36.26
18	外汇管理局	63.75	40	外交部	46.93	61	中医药局	36.03
19	国资委	63.00	41	体育总局	46.51	62	司法部	34.60
20	环保部	61.45	42	煤监局	45.90	63	烟草专卖局	33.21
21	卫计委	60.92	43	能源局	45.72	64	中国工程院	32.85
22	统计局	60.69						

(2) 整体概况

在部委网站服务能力指数分布中，民航局位列第一，国家测绘地信局、水利部、发改委、旅游局分列2—5名。这5个部委网站在信息发布和事务服务上都有着良好的表现，网站导航明确、链接稳定可靠，能够基本满足各类用户的服务需求。排名靠后的网站目前仍处在信息发布阶段，事务服务能力建设严重滞后，对于用户的咨询和意见也难以做到有效反馈。总体而言，各部委的网站服务能力指数均值为53.38，处于较低水平。排名前五的部委指数均值为76.24，高于平均指数42.83%。此外，共有28个部委在该指数上的表现优于平均水准，占比43.75%。

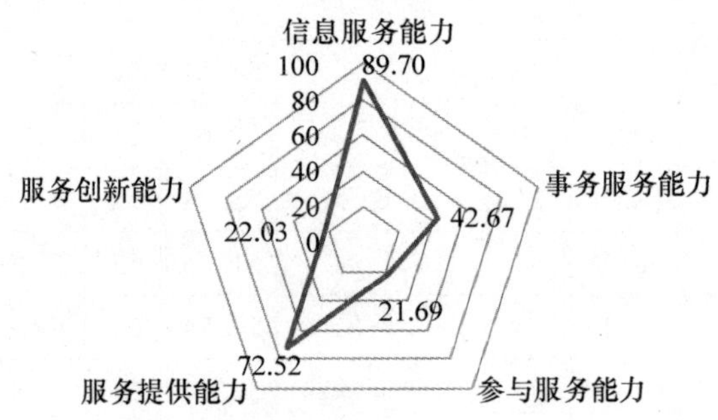

图1 国务院部委政务网站服务能力总体维度指数

二 政务微博服务能力指数

(1) 微博服务能力指数

表2 国务院部委政务微博服务能力指数

排名	部委简称	指数	排名	部委简称	指数	排名	部委简称	指数
1	外交部	86.16	13	海洋局	73.50	25	安监总局	64.96
2	民航局	82.71	14	测绘地信局	72.88	26	外汇管理局	61.61
3	气象局	81.15	15	民政部	72.63	27	环保部	61.11
4	林业局	81.11	16	统计局	70.96	28	食药监总局	60.93
5	公安部	77.82	17	证监会	70.17	29	央行	60.27
6	教育部	77.51	18	商务部	69.77	30	海关总署	58.92
7	卫计委	77.38	19	国税总局	69.60	31	科技部	55.55
8	旅游局	76.01	20	工信部	69.45	32	铁路局	54.13
9	邮政局	74.90	21	发改委	68.35	33	国土资源部	54.06
10	国资委	74.83	22	保监会	67.00	34	文化部	53.47
11	司法部	74.76	23	质监局	65.80	35	外国专家局	51.40
12	文物局	73.96	24	国防部	65.52			

注：未列出尚未开通微博的部委，下同。

（2）整体概况

在部委微博服务能力指数分布中，外交部位列第一，民航局、气象局、林业局、公安部分列第2—5名。这5个部委的微博开通时间较早，并保持较高的活跃度，以多元形式（包括图片、视频、音乐、链接等）及时发布各类资讯。排名靠后的部委中，有29个尚未开通政务微博，另一些指数较低的部委微博也都是新开账号，在影响力和活跃度上相对滞后。总体而言，各部委的微博服务能力指数均值为37.66，整体服务能力较低。排名前五的部委指数均值为81.79，高于平均指数117.17%。此外，共有35个部委在该指数上的表现优于平均水准，占比54.69%。

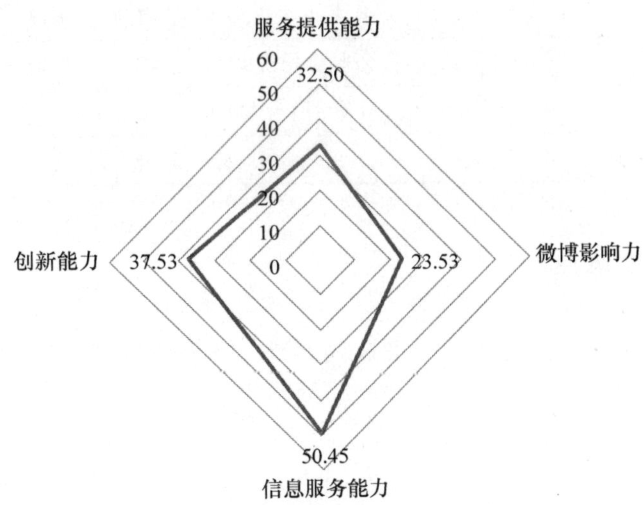

图2　国务院部委政务微博服务能力总体维度指数

三　政务微信服务能力指数

（1）微信服务能力指数

表3　国务院部委政务微信服务能力指数

排名	部委简称	指数	排名	部委简称	指数	排名	部委简称	指数
1	财政部	71.71	16	广电总局	42.86	30	审计署	34.08
2	统计局	70.27	17	科技部	42.52	31	粮食局	32.77

续表

排名	部委简称	指数	排名	部委简称	指数	排名	部委简称	指数
3	旅游局	61.61	18	商务部	42.34	32	林业局	32.01
4	国税总局	56.42	19	质监局	42.34	33	中医药局	31.17
5	海关总署	54.42	20	公安部	42.03	34	环保部	30.92
6	测绘地信局	52.42	21	国资委	41.96	35	海洋局	30.62
7	发改委	50.58	22	国防部	40.76	36	外汇管理局	29.38
8	能源局	48.83	23	气象局	40.67	37	人社部	28.87
9	安监总局	48.64	24	国家民委	39.25	38	文物局	27.14
10	司法部	48.51	25	知识产权局	39.17	39	外国专家局	26.84
11	民政部	46.83	26	证监会	37.00	40	国土资源部	26.26
12	民航局	46.61	27	工信部	35.47	41	邮政局	25.57
13	监察部	44.92	28	食药监总局	34.95	42	保监会	25.31
14	教育部	43.85	29	外交部	34.47	43	工商行政总局	12.74
15	卫计委	43.55						

（2）整体概况

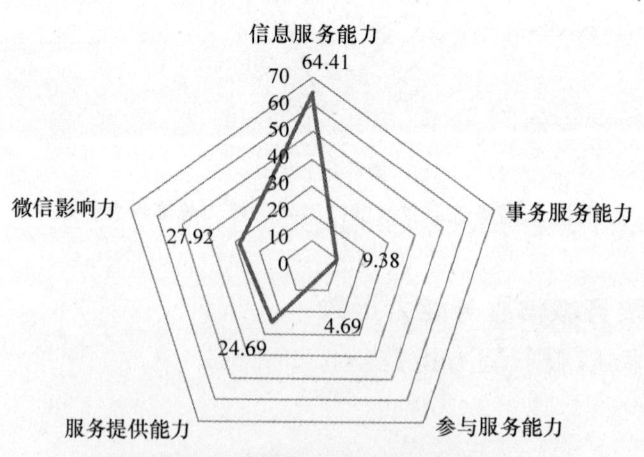

图3　国务院部委微信服务能力指数分布

在部委微信服务能力指数中，财政部位列第一，统计局、旅游局、国税总局、海关总署分列第2—5名。这5个部委的政务微信在信息服务能力、事务服务能力与微信影响力上都有着相对突出的表现，信息时效性强、办事流程清晰，且受众规模较大。排名靠后的部委政务微信目前仍处在信息发布阶段，事务服务能力与参与服务能力严重滞后，微信影响力也明显不足。总体而言，各部委的微信服务能力指数均值为27.17，整体服务能力低，其中37个部委服务能力超过平均水平，占比57.81%，但仅有3个部委达到中等水平，占比4.69%。

四 政务APP服务能力指数

（1）政务APP服务能力指数

表4 国务院部委政务APP服务能力指数

排名	部委简称	指数	排名	部委简称	指数	排名	部委简称	指数
1	民航局	72.95	10	商务部	50.15	19	财政部	40.88
2	国税总局	70.64	11	广电总局	49.89	20	信访局	38.41
3	公安部	64.14	12	民政部	48.63	21	人社部	34.48
4	体育总局	55.18	13	质监局	48.05	22	国资委	33.75
5	交通运输部	54.64	14	文化部	47.26	23	环保部	33.72
6	林业局	52.80	15	国土资源部	45.49	24	教育部	32.93
7	食药监总局	52.60	16	监察部	43.29	25	安监总局	3.72
8	工商行政总局	51.17	17	发改委	43.24			
9	外交部	50.61	18	统计局	42.44			

（2）整体概况

在部委政务APP服务能力中，民航局位列第一，国税总局、公安部、体育总局、交通运输部分列第2—5名。这5个政务APP在服务提供能力、信息服务能力、事务服务能力及参与服务能力上都有着相对突出的表现，具有服务覆盖面广、信息时效性强、参与反馈及时等特征。排名靠后的APP各项服务能力较弱，信息的时效性和参与反馈及时性难以得到保证。由于仍有38个部委尚未上线APP，各部委的APP服务能力指数均值仅为18.14。总体而言，部委政务APP仍处于起步阶段。

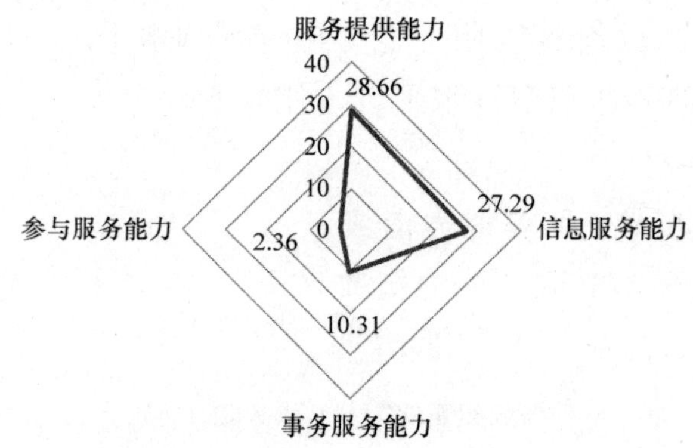

图4 国务院部委APP服务能力指数雷达图

第三章 部委电子服务综合指数分析

一 部委电子服务综合指数

(1) 综合指数

表5 部委电子服务能力综合指数

排名	部委简称	指数	排名	部委简称	指数	排名	部委简称	指数
1	国税总局	67.70	23	监察部	41.70	44	外汇管理局	28.90
2	统计局	62.46	24	人社部	40.80	45	国防部	28.64
3	民航局	61.26	25	科技部	40.61	46	机关事务局	28.23
4	国土资源部	56.08	26	商务部	40.04	47	煤监局	28.09
5	外交部	52.64	27	文物局	39.24	48	知识产权局	27.16
6	公安部	52.61	28	工信部	38.22	49	司法部	27.14

续表

排名	部委简称	指数	排名	部委简称	指数	排名	部委简称	指数
7	质监局	52.24	29	安监总局	37.65	50	港澳办	26.03
8	食药监总局	50.72	30	地震局	36.97	51	农业部	25.88
9	测绘地信局	50.70	31	发改委	36.63	52	水利部	25.35
10	工商行政总局	50.60	32	国资委	35.07	53	国家民委	25.29
11	教育部	49.34	33	广电总局	34.94	54	能源局	25.24
12	审计署	48.77	34	林业局	34.81	55	公务员局	23.86
13	体育总局	48.46	35	外国专家局	33.96	56	中医药局	19.83
14	环保部	48.17	36	粮食局	33.09	57	铁路局	16.65
15	旅游局	47.08	37	证监会	32.97	58	住建部	16.35
16	气象局	46.60	38	国防科工局	32.76	59	银监会	15.51
17	交通运输部	44.11	39	海洋局	32.71	60	国务院侨办	15.21
18	民政部	43.70	40	保监会	30.13	61	宗教事务局	15.06
19	信访局	43.28	41	邮政局	29.84	62	参事室	13.77
20	财政部	42.37	42	央行	29.80	63	法制办	13.70
21	文化部	42.06	43	海关总署	29.10	64	烟草专卖局	12.41
22	卫计委	41.78						

(2) 整体概况

在部委电子服务综合指数分布中，国税总局位列第一，统计局、民航局、国土资源部和外交部分列第2—5名。这5个部委在电子服务的渠道建设上均有较好的表现，其中国税总局与用户的互动良好，民航局在信息发布和传播分享上表现突出，统计局、国土资源部和外交部则注重网站和“两微一端”的多渠道同步建设。排名靠后的部委普遍缺乏新媒体渠道的建设，其电子服务渠道仍以门户网站为主，网站建设总体优于其他三个渠道，各部委网站的指数均值为53.04，仍处于较低水平；微博、微信和APP服务能力水平低，指数均值分别为37.04、27.70和18.14。

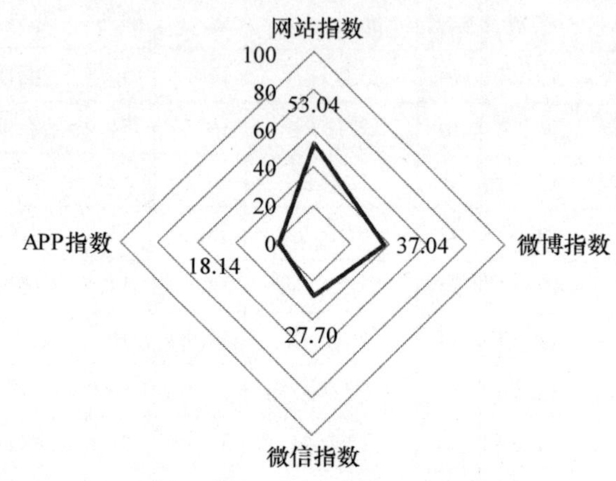

图5 部委电子服务能力综合指数

二 部委电子服务“双微”指数分析

(1)“双微”服务能力指数

表6 部委电子服务能力“双微”指数

排名	部委简称	指数	排名	部委简称	指数	排名	部委简称	指数
1	统计局	66.52	19	财政部	44.13	37	监察部	27.65
2	旅游局	66.15	20	央行	43.89	38	体育总局	26.76
3	国税总局	65.99	21	邮政局	42.73	39	广电总局	26.38
4	测绘地信局	59.65	22	粮食局	40.76	40	商务部	26.06
5	质监局	57.22	23	保监会	40.75	41	公安部	25.86
6	气象局	54.88	24	海洋局	39.69	42	国资委	25.82
7	安监总局	53.70	25	人社部	38.54	43	地震局	25.31
8	审计署	52.88	26	外交部	38.51	44	国防部	25.08
9	科技部	52.48	27	工商行政总局	33.58	45	公务员局	25.04
10	民航局	52.11	28	海关总署	33.49	46	国家民委	24.16
11	教育部	51.99	29	文化部	33.18	47	知识产权局	24.11
12	工信部	51.70	30	发改委	31.13	48	证监会	22.77

续表

排名	部委简称	指数	排名	部委简称	指数	排名	部委简称	指数
13	卫计委	50. 20	31	能源局	30. 05	49	煤监局	21. 37
14	食药监总局	48. 33	32	司法部	29. 85	50	信访局	19. 75
15	外汇管理局	46. 49	33	民政部	28. 82	51	林业局	19. 70
16	文物局	46. 00	34	交通运输部	28. 82	52	中医药局	19. 18
17	环保部	45. 90	35	机关事务局	28. 44	53	外国专家局	16. 52
18	国土资源部	44. 94	36	国防科工局	27. 97			

(2) 整体概况

在部委“双微”服务能力指数分布中，统计局位列第一，旅游局、国税总局、测绘地信局和质监局分列第2—5名。这5个部委在电子政务服务的“双微”渠道建设上表现突出，能够积极利用“双微”渠道的传播特性，面向公众进行信息发布和互动交流。从部委“双微”指数的区间分布来看，中国部委电子服务“双微”建设水平呈现高低分化，但整体水平较低。其中，统计局、旅游局等3个部委的“双微”服务能力处于中等水平，占比4.69%，均值为66.22。测绘局、质监局等20个部委的“双微”服务能力处于较低水平，占比31.25%，均值为49.04。海洋局、人社部等30个部委的“双微”服务能力低下，占比46.88%，均值为27.45。农业部等11个部委无“双微”服务渠道，占比17.19%。

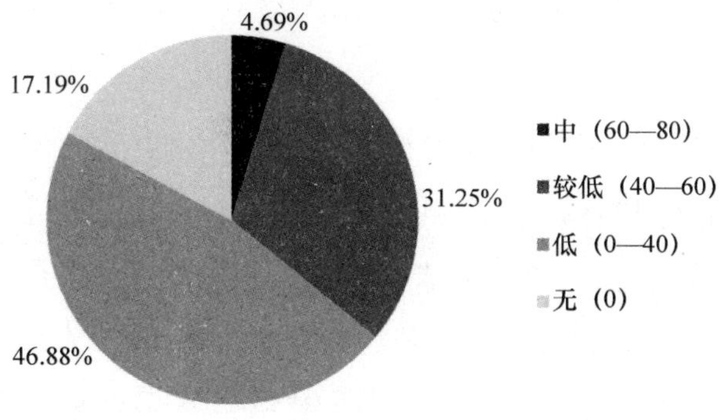

图6　部委电子服务能力“双微”指数分布

三 部委电子服务新媒体指数分析

（1）新媒体服务能力指数

表7 部委电子服务能力新媒体指数

排名	部委简称	指数	排名	部委简称	指数	排名	部委简称	指数
1	国税总局	68.00	19	广电总局	36.60	37	粮食局	23.03
2	民航局	61.17	20	商务部	36.53	38	保监会	23.03
3	统计局	56.04	21	发改委	36.40	39	海洋局	22.43
4	质监局	53.23	22	监察部	34.45	40	海关总署	18.93
5	食药监总局	50.18	23	林业局	34.09	41	能源局	16.98
6	国土资源部	45.17	24	测绘地信局	33.71	42	司法部	16.87
7	外交部	43.77	25	安监总局	31.96	43	机关事务局	16.07
8	教育部	43.70	26	气象局	31.01	44	国防科工局	15.80
9	财政部	42.72	27	审计署	29.88	45	地震局	14.30
10	公安部	42.50	28	科技部	29.65	46	国防部	14.18
11	工商行政总局	41.22	29	国资委	29.27	47	公务员局	14.15
12	环保部	40.60	30	工信部	29.21	48	国家民委	13.65
13	交通运输部	40.04	31	卫计委	28.36	49	知识产权局	13.62
14	文化部	39.30	32	信访局	27.86	50	证监会	12.87
15	体育总局	39.11	33	外汇管理局	26.27	51	煤监局	12.08
16	民政部	37.43	34	文物局	25.99	52	中医药局	10.84
17	旅游局	37.38	35	央行	24.80	53	外国专家局	9.34
18	人社部	36.77	36	邮政局	24.14			

（2）整体概况

在部委新媒体服务能力指数中，国税总局位列第一，民航局、统计局、质监局和食药监总局分列第2—5名。这5个部委在电子服务的“两微一端”建设上表现突出，其中国税总局的“两微一端”渠道建设起步较早，整体管理和运行机制较为成熟。排名靠后的部委在“两微一端”渠道的使用和建设上明显不足，APP渠道的缺失影响了部委政务服务的质量。从部委新媒体指数的分布来看，各部委“两微一端”服务建设水平参差不齐，整体水平偏低。其中，国税总局、民航局处于中等水平，占比3.13%，均值为64.59；统计局等11个部委处于较低水平，占比17.19%，均值为45.38；文化部等40个部委处于低水平，占比62.50%，均值为25.21；港澳办等11个部委无新媒体渠道服务，占比17.19%。

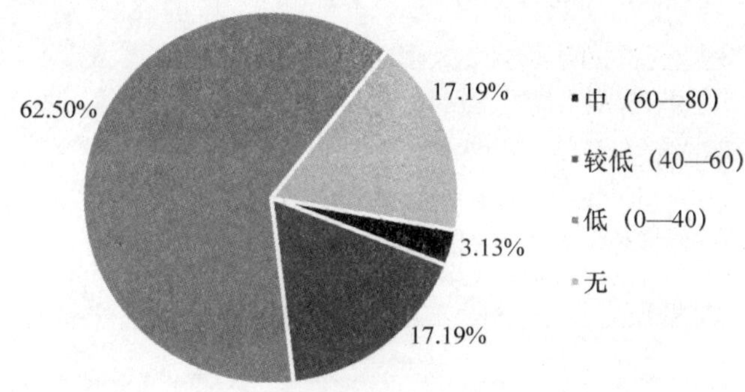

图7　部委电子服务能力新媒体指数分布图

第四章　部委电子政务服务最佳实践

一　部委电子服务最佳实践说明

这里的最佳实践是根据部委网站及“两微一端”的测评数据进行选取，各渠道指数排名最高的部委及其相对应的电子渠道作为最佳实践的分析对象。

本次CESAI项目组在政务网站、政务微博、政务微信和政务APP 4个渠道中均选取一个部委的电子政务媒体作为最佳实践，分别是“中国民用航空局”（网站）、“外交小灵通”（微博）、“财政部”（微信）和“中国民航局”（APP）。

二　部委电子政务服务网站最佳实践

“中国民用航空局”（民航局）在部委网站服务能力指数中排名第一，在各个服务维度上均有良好表现，尤其是信息服务和事务服务维度。

信息服务方面，该网站的板块类目清晰，界面简洁；不仅能及时发布民航局的各项动态和相关政策，还为旅客提供各类航班、天气等相关出行资讯。

图8　中国民用航空局网站首页

图9　民航旅客出行服务

事务服务方面，该网站已基本实现了部分事项全程在线办理，针对有特殊要求且必须到实地服务机构办理的事项也提供了清晰的办事指南，以便用户提前准备所需材料，提高办事效率。网站的服务导航简明清晰，相关服务按用户类型分为个人办事和单位办事，用户可以轻松选择自己所需的服务类型，并获得办事指南和在线办理入口。为了帮助用户确定办理事务的类型，网站还设置了“场景服务”，从用户的角度模拟办事入口，如“我要申请民用航空器维修许可”“我要申请民用航空器国籍登记”等。

图10　民航局事务服务界面

三　部委电子政务服务微博最佳实践

“外交小灵通”（外交部）在部委微博服务能力指数中排名第一，在各个服务维度上均表现出色。在微博影响力方面，“外交小灵通”于2011年4月13日正式上线，开通时间较早，影响力较大，目前已积累750万粉丝。

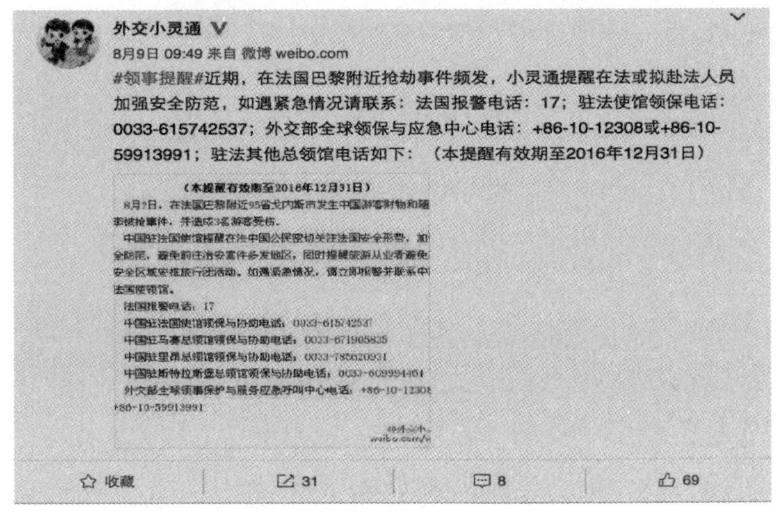

图11　外交小灵通信息发布

外交小灵通能够向用户实时发布周边国家安全状况、外交策略以及近期外交事件具体信息。其信息发布及时且全面，如在 9 月 30 日提供国庆期间关于游客流量高的国家旅游的注意事项和紧急电话。因此，用户可以及时了解外交状态和其他国家的基本信息，从而妥善安排自己的出行活动；同时也可以通过外交小灵通了解国家外交策略和外交状况，行使自己的知情权。

四 部委电子政务服务微信最佳实践

“财政部”（财政部）在部委微信服务能力指数中排名第一，在各个服务维度上均有良好表现，尤其是信息服务、事务服务维度。

图 12 财政部微信日常推送

信息服务方面，每日平均发布 8 条图文消息，其推送中大多为企业、公众密切关注的财政信息，如推送“化妆品进口税部分商品范围调整”。此外，所有推送内容都属于按照政府信息公开条例产生的第一手资料或其他来源明确的官方资料，且时效性较强。

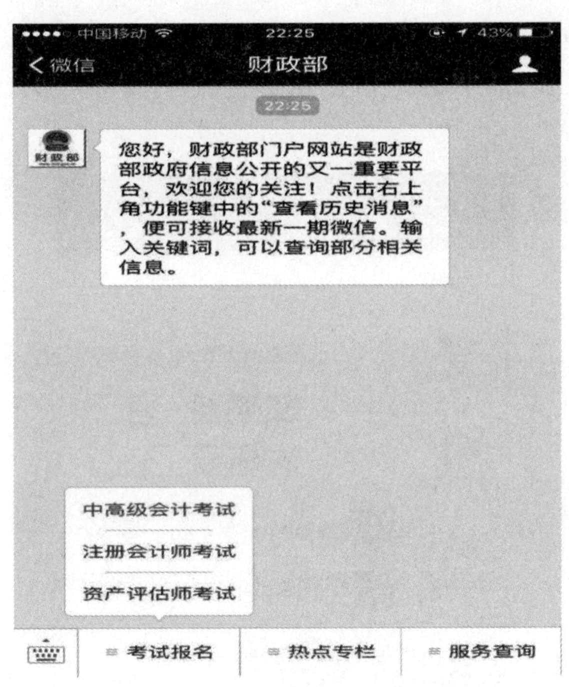

图 13 财政部微信服务界面

事务服务方面，该公众号具有简明清晰的快捷菜单栏，分为“考试报名”“热点专栏”“服务查询”。用户通过“考试报名”入口可以轻松快捷地报考会计师考试和资产评估师考试，“服务查询”入口提供会计考试查询、资格证书查询、行业信息查询、法规数据库、资产评估等各类信息的查询入口，用户可以通过自助式快捷菜单寻找自己需要的相关信息。

五 部委电子政务服务 APP 最佳实践

“中国民航局”（民航局）在部委 APP 服务能力指数中排名第一，在各个服务维度上均表现不俗，尤其是信息服务、事务服务维度。

信息服务方面，该 APP 能在第一时间权威发布民航局重大新闻，面向公众发布民航规章、行业数据、办事指南等实用信息。

事务服务方面，提供航班查询、电子客票验真、航旅指南、网上值机等出行服务的入口，从而为民航旅客的出行提供便利。

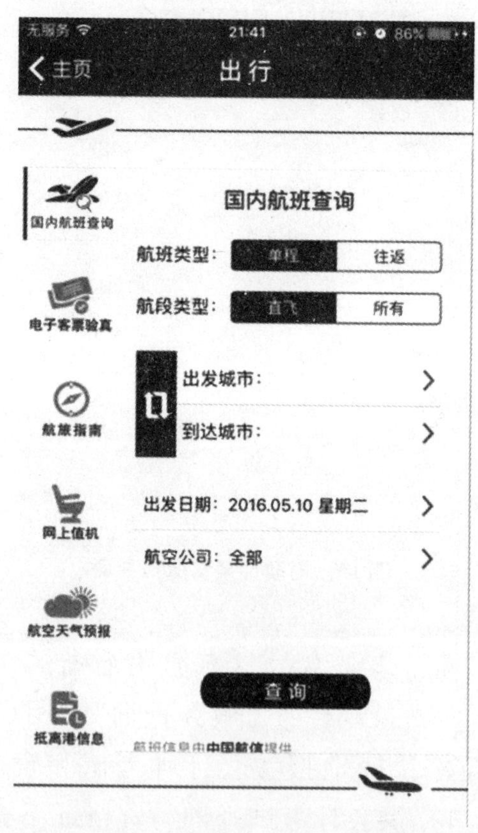

图 14 民航局 APP 航班查询界面

附录 5　部委样本来源

表 1　　部委政务网站来源

部委	采集数据源（网址）	部委	采集数据源（网址）
外交部	http：//www. fmprc. gov. cn/mfa_ chn/	机关事务局	http：//www. ggj. gov. cn/
发改委	http：//www. ndrc. gov. cn/	税务总局	http：//www. chinatax. gov. cn/
科技部	http：//www. most. gov. cn/	质检总局	http：//www. aqsiq. gov. cn/
民族事委	http：//www. seac. gov. cn/	体育总局	http：//www. sport. gov. cn/
民政部	http：//www. mca. gov. cn/	食药监总局	http：//www. sda. gov. cn/WS01/CL0001/
财政部	http：//www. mof. gov. cn/	林业局	http：//www. forestry. gov. cn/
国土资源部	http：//www. mlr. gov. cn/	旅游局	http：//www. cnta. gov. cn/
住建部	http：//www. mohurd. gov. cn/	参事室	http：//www. counsellor. gov. cn/
水利部	http：//www. mwr. gov. cn/	侨务办	http：//www. gqb. gov. cn/
商务部	http：//www. mofcom. gov. cn/	法制办	http：//www. chinalaw. gov. cn/
卫计委	http：//www. nhfpc. gov. cn/	港澳事务办	http：//www. hmo. gov. cn/
审计署	http：//www. audit. gov. cn/	地震局	http：//www. cea. gov. cn/
国防部	http：//www. mod. gov. cn/	银监会	http：//www. cbrc. gov. cn/
教育部	http：//www. moe. gov. cn/	保监会	http：//www. circ. gov. cn/
工信部	http：//www. miit. gov. cn/	气象局	http：//www. cma. gov. cn/
公安部	http：//www. mps. gov. cn/	证监会	http：//www. csrc. gov. cn/
监察部	http：//www. ccdi. gov. cn/	信访局	http：//www. gjxfj. gov. cn/
司法部	http：//www. moj. gov. cn/	能源局	http：//www. nea. gov. cn/
人社部	http：//www. mohrss. gov. cn/	烟草专卖局	http：//www. tobacco. gov. cn/

续表

部委	采集数据源（网址）	部委	采集数据源（网址）
环保部	http：//www. mep. gov. cn/	国家公务员局	http：//www. scs. gov. cn/
交通运输部	http：//www. moc. gov. cn/	测地局	http：//www. sbsm. gov. cn/
农业部	http：//www. moa. gov. cn/	民航局	http：//www. caac. gov. cn/
文化部	http：//www. mcprc. gov. cn/	文物局	http：//www. sach. gov. cn/
央行	http：//www. pbc. gov. cn/	外汇管理局	http：//www. safe. gov. cn/
国有资产监委会	http：//www. sasac. gov. cn/	粮食局	http：//www. chinagrain. gov. cn/
海关总署	http：//www. customs. gov. cn/	国防科工局	http：//www. sastind. gov. cn/
工商总局	http：//www. saic. gov. cn/	外国专家局	http：//www. safea. gov. cn/
广电总局	http：//www. sAPPrft. gov. cn/	海洋局	http：//www. soa. gov. cn/
安全管理总局	http：//www. chinasafety. gov. cn/	铁路局	http：//www. nra. gov. cn/
统计局	http：//www. stats. gov. cn/	邮政局	http：//www. spb. gov. cn/
知识产权局	http：//www. sipo. gov. cn/	中医药局	http：//www. satcm. gov. cn/
宗教事务局	http：//www. sara. gov. cn/	煤监局	http：//www. chinacoal – safety. gov. cn/mkaj/

表 2 **部委政务微博来源**

部委	采集数据源（名称）	部委	采集数据源（名称）
外交部	外交小灵通	机关事务局	无
发改委	国家发改委	税务总局	国家税务总局
科技部	锐科技	质检总局	中国质量新闻网
民族事委	无	体育总局	无
民政部	民政微语	食药监总局	中国食品药品监管
财政部	无	林业局	中国林业发布
国土资源部	国土资源部门户网站	旅游局	中国旅游
住建部	无	参事室	无
水利部	无	侨务办	无

续表

部委	采集数据源（名称）	部委	采集数据源（名称）
商务部	商务微新闻	法制办	无
卫计委	健康中国	港澳事务办	无
审计署	无	地震局	中国地震台网速报
国防部	国防部发布	银监会	无
教育部	教育部新闻办公室官方微博	保监会	保监微新闻
工信部	工信微报	气象局	中国气象局
公安部	公安部打四黑除四害	证监会	证监会发布
监察部	无	信访局	无
司法部	中国普法	能源局	无
人社部	无	烟草专卖局	无
环保部	中国环境宣传教育	公务员局	无
交通运输部	无	测地局	国家测绘地信局
农业部	无	民航局	中国民航网—新闻中心
文化部	国家税务总局	文物局	中国文博
央行	央行微播	外汇管理局	外汇局发布
国有资产监委会	国资小新	粮食局	无
海关总署	海关发布	国防科工局	无
工商总局	无	外国专家局	中华人民共和国国家外国专家局
广电总局	无	海洋局	南海预报中心
安全管理总局	国家安全监管总局	铁路局	铁道政言
统计局	中国统计	邮政局	国家邮政快递报
知识产权局	无	中医药局	无
宗教事务局	无	煤监局	无

表 3　**部委政务微信来源**

部委	采集数据源（公众号）	部委	采集数据源（公众号）
外交部	外交小灵通	机关事务局	无
发改委	国家发改委	税务总局	国家税务总局
科技部	锐科技	质检总局	中国质量新闻网
民族事委	国家民委	体育总局	无

续表

部委	采集数据源（公众号）	部委	采集数据源（公众号）
民政部	中国民政	食药监总局	中国食事要闻
财政部	财政部	林业局	中国林业网
国土资源部	国土资源部门户网站	旅游局	国家旅游局
住建部	无	参事室	无
水利部	无	侨务办	无
商务部	商务部微新闻	法制办	无
卫计委	健康中国	港澳事务办	无
审计署	审计署	地震局	无
国防部	国防部发布	银监会	无
教育部	微言教育	保监会	保监微新闻
工信部	工信微报	气象局	中国气象局
公安部	公安部交通安全微发布	证监会	证监会发布
监察部	中央纪委监察部网站	信访局	无
司法部	中国普法	能源局	国家能源局
人社部	人社 12333	烟草专卖局	无
环保部	中国环境宣传教育	公务员局	无
交通运输部	无	测地局	国家测绘地信局
农业部	无	民航局	中国民航网
文化部	国家税务总局	文物局	国家文物局
央行	征信小助手	外汇管理局	外汇局发布
国有资产监委会	国资小新	粮食局	国家粮食交易中心
海关总署	海关发布	国防科工局	无
工商总局	国家工商总局	外国专家局	引智中国
广电总局	国家新闻出版广电总局门户网站	海洋局	国家海洋局南海预报中心
安全管理总局	国家安全监管总局	铁路局	无
统计局	统计微讯	邮政局	邮研网
知识产权局	国家知识产权局	中医药局	中国中医
宗教事务局	无	煤监局	无

表4 部委政务APP来源

部委	采集数据源（名称）	部委	采集数据源（名称）
外交部	中华人民共和国外交部	机关事务局	无
发改委	发改委微门户	税务总局	国家税务总局
科技部	无	质检总局	国家质检总局
民族事委	无	体育总局	国家体育总局
民政部	民政部网站	食药监总局	中国食药监管
财政部	财政部新闻	林业局	无
国土资源部	中华人民共和国国土资源部	旅游局	无
住建部	无	参事室	无
水利部	无	侨务办	无
商务部	商务部网站	法制办	无
卫计委	无	港澳事务办	无
审计署	无	地震局	地震速报
国防部	无	银监会	无
教育部	中华人民共和国教育部	保监会	无
工信部	无	气象局	无
公安部	交管12123	证监会	无
监察部	中央纪委监察部网站	信访局	手机信访
司法部	无	能源局	无
人社部	掌上12333	烟草专卖局	无
环保部	走进环保	公务员局	无
交通运输部	交通运输部	测地局	无
农业部	无	民航局	中国民用航空局
文化部	国家税务总局	文物局	无
央行	无	外汇管理局	无
国有资产监委会	壹站	粮食局	无
海关总署	无	国防科工局	无
工商总局	工商总局	外国专家局	无
广电总局	广电信息	海洋局	无
安全管理总局	安全监管总局	铁路局	无
统计局	掌上数据库	邮政局	无
知识产权局	无	中医药局	无
宗教事务局	无	煤监局	无

胡广伟（1975－ ），男，管理学博士，南京大学信息管理学院教授、博士生导师，南京大学政务数据资源研究所所长。从事政府信息化、大数据驱动社会治理、电子政务服务管理、MIS等方向的研究工作。主持包括国家自然科学基金、国家双创示范基地项目、国家电网科技项目、教育部人文社科项目、江苏省高校哲学社会科学研究重点项目、江苏省社科基金等10多项，参与国家科技支撑计划、国家社科基金重大招标项目、国家“863”重大计划项目子课题、国家“十一五”科技支撑重点项目的示范工程子课题等20余项。担任多个国际期刊（JASIST、GIQ、ISM、JSSM、IS、IRAS）、国内学术期刊编委，兼任江苏省信息中心顾问、江苏省电子政务工作小组咨询专家、教育部第四次学科评议评估专家等。发表学术论文60余篇，被授权软件著作权5项，受理专利2项，参与软件著作权10多项，软件产品3项，国家重点新产品1项，高新技术产品1项。著有《电子政务服务管理》等三部著作，荣获教育部“新世纪优秀人才支持计划”、江苏省“六大人才高峰”、南京大学“青年五四奖章”等省部级奖励20余项。

司文峰（1990－ ），男，南京大学信息管理学院博士研究生，南京大学政务数据资源研究所助理研究员，研究方向为电子政务服务价值共创、政务大数据。

杨金龙（1991－ ），男，南京大学信息管理学院博士研究生，南京大学政务数据资源研究所秘书长，研究方向为价值共创、大数据、政府治理等。

参与工作的其他成员还包括罗雨宁（硕士研究生）、王新建（博士研究生）、杨安琪（硕士研究生）、温倩宇（硕士研究生）、白玥（硕士研究生）、孔嫒嫒（硕士研究生）、阮振秋（硕士研究生）、刘柳（瞭望智库）、魏家鹏（本科生）、黄锋利（硕士研究生）、王咏（博士研究生）、姚笛（新华网）、马岩（瞭望智库）等。